GRöLS Verlage

„BÜCHER SIND WIE FALLSCHIRME. SIE NÜTZEN UNS NICHTS, WENN WIR SIE NICHT ÖFFNEN."

Gröls Verlag

Redaktionelle Hinweise und Impressum

Das vorliegende Werk wurde zugunsten der Authentizität sehr zurückhaltend bearbeitet. So wurden etwa ursprüngliche Rechtschreibfehler *nicht* systematisch behoben, denn kleine Unvollkommenheiten machen das Buch – wie im Übrigen den Menschen – erst authentisch. Mitunter wurden jedoch zum Beispiel Absätze behutsam neu getrennt, um den Lesefluss zu erleichtern.

Um die Texte zu rekonstruieren, werden antiquarische Bücher von Lesegeräten gescannt und dann durch eine Software lesbar gemacht. Der so entstandene Text wird von Menschen gegengelesen und korrigiert – hierbei treten auch Fehler auf. Wenn Sie ebenfalls antiquarische Texte einreichen möchten, finden Sie weitere Informationen auf www.groels.de

Viel Freude bei der Lektüre wünscht Ihnen das Team des Gröls-Verlags.

Adressen

Verleger: Sophia Gröls, Im Borngrund 26, 61440 Oberursel

Externer Dienstleister für Distribution & Herstellung: BoD, In de Tarpen 42, 22848 Norderstedt

Unsere „Edition | Werke der Weltliteratur“ hat den Anspruch, eine der größten und vollständigsten Sammlungen klassischer Literatur in deutscher Sprache zu sein. Nach und nach versammeln wir hier nicht nur die „üblichen Verdächtigen“ von Goethe bis Schiller, sondern auch Kleinode der vergangenen Jahrhunderte, die – zu Unrecht – drohen, in Vergessenheit zu geraten. Wir kultivieren und kuratieren damit einen der wertvollsten Bereiche der abendländischen Kultur. Kleine Auswahl:

Francis Bacon • Neues Organon • **Balzac** • Glanz und Elend der Kurtisanen • **Joachim H. Campe** • Robinson der Jüngere • **Dante Alighieri** • Die Göttliche Komödie • **Daniel Defoe** • Robinson Crusoe • **Charles Dickens** • Oliver Twist • **Denis Diderot** • Jacques der Fatalist • **Fjodor Dostojewski** • Schuld und Sühne • **Arthur Conan Doyle** • Der Hund von Baskerville • **Marie von Ebner-Eschenbach** • Das Gemeindekind • **Elisabeth von Österreich** • Das Poetische Tagebuch • **Friedrich Engels** • Die Lage der arbeitenden Klasse • **Ludwig Feuerbach** • Das Wesen des Christentums • **Johann G. Fichte** • Reden an die deutsche Nation • **Fitzgerald** • Zärtlich ist die Nacht • **Flaubert** • Madame Bovary • **Gorch Fock** • Seefahrt ist not! • **Theodor Fontane** • Effi Briest • **Robert Musil** • Über die Dummheit • **Edgar Wallace** • Der Frosch mit der Maske • **Jakob Wassermann** • Der Fall Maurizius • **Oscar Wilde** • Das Bildnis des Dorian Grey • **Émile Zola** • Germinal • **Stefan Zweig** • Schachnovelle • **Hugo von Hofmannsthal** • Der Tor und der Tod • **Anton Tschechow** • Ein Heiratsantrag • **Arthur Schnitzler** • Reigen • **Friedrich Schiller** • Kabale und Liebe • **Nicolo Machiavelli** • Der Fürst • **Gotthold E. Lessing** • Nathan der Weise • **Augustinus** • Die Bekenntnisse des heiligen Augustinus • **Marcus Aurelius** • Selbstbetrachtungen • **Charles Baudelaire** • Die Blumen des Bösen • **Harriett Stowe** • Onkel Toms Hütte • **Walter Benjamin** • Deutsche Menschen • **Hugo Bettauer** • Die Stadt ohne Juden • **Lewis Caroll** • *und viele mehr….*

Immanuel Kant

Grundlegung zur Metaphysik der Sitten

Inhalt

Erster Abschnitt

Übergang von der gemeinen sittlichen Vernunfterkenntnis zur philosophischen

Es ist überall nichts in der Welt, ja überhaupt auch außer derselben zu denken möglich, was ohne Einschränkung für gut könnte gehalten werden, als allein ein guter Wille. Verstand, Witz, Urteilskraft und wie die Talente des Geistes sonst heißen mögen, oder Mut, Entschlossenheit, Beharrlichkeit im Vorsatze als Eigenschaften des Temperaments sind ohne Zweifel in mancher Absicht gut und wünschenswert; aber sie können auch äußerst böse und schädlich werden, wenn der Wille, der von diesen Naturgaben Gebrauch machen soll und dessen eigentümliche Beschaffenheit darum Charakter heißt, nicht gut ist. Mit den Glücksgaben ist es eben so bewandt. Macht, Reichtum, Ehre, selbst Gesundheit und das ganze Wohlbefinden und Zufriedenheit mit seinem Zustande unter dem Namen der Glückseligkeit machen Mut und hierdurch öfters auch Übermut, wo nicht ein guter Wille da ist, der den Einfluss derselben aufs Gemüt und hiermit auch das ganze Prinzip zu handeln berichtige und allgemein-zweckmäßig mache; ohne zu erwähnen, dass ein vernünftiger unparteiischer Zuschauer sogar am Anblicke eines ununterbrochenen Wohlergehens eines Wesens, das kein Zug eines reinen und guten Willens ziert, nimmermehr ein Wohlgefallen haben kann, und so der gute Wille die unerlässliche Bedingung selbst der Würdigkeit glücklich zu sein auszumachen scheint.

Einige Eigenschaften sind sogar diesem guten Willen selbst beförderlich und können sein Werk sehr erleichtern, haben aber dem ungeachtet keinen innern unbedingten Wert, sondern setzen immer noch einen guten Willen voraus, der die Hochschätzung, die man übrigens mit Recht für sie trägt, einschränkt und es nicht erlaubt, sie für schlechthin gut zu halten. Mäßigung in Affekten und Leidenschaften, Selbstbeherrschung und nüchterne Überlegung sind nicht allein in vielerlei Absicht gut, sondern scheinen sogar einen Teil vom innern Werte der Person auszumachen; allein es fehlt viel daran, um sie ohne Einschränkung für gut zu erklären (so unbedingt sie auch von den Alten gepriesen worden). Denn ohne Grundsätze eines guten Willens können sie höchst böse werden, und das kalte Blut eines Bösewichts macht ihn nicht allein weit gefährlicher, sondern auch unmittelbar in unsern Augen noch verabscheuungswürdiger, als er ohne dieses dafür würde gehalten werden.

Der gute Wille ist nicht durch das, was er bewirkt oder ausrichtet, nicht durch seine Tauglichkeit zur Erreichung irgend eines vorgesetzten Zweckes, sondern allein durch das Wollen, d. i. an sich, gut und, für sich selbst betrachtet, ohne Vergleich weit höher zu schätzen als alles, was durch ihn zu Gunsten irgend einer Neigung, ja wenn man will, der Summe aller Neigungen nur immer zu Stande gebracht werden könnte. Wenn gleich durch eine besondere Ungunst des Schicksals, oder durch kärgliche Ausstattung einer stiefmütterlichen Natur es diesem Willen gänzlich an Vermögen fehlte, seine Absicht durchzusetzen; wenn bei seiner größten Bestrebung dennoch nichts von ihm ausgerichtet würde, und nur der gute Wille (freilich nicht etwa als ein bloßer Wunsch, sondern als die Aufbietung aller Mittel, so weit sie in unserer Gewalt sind) übrig bliebe: so würde er wie ein Juwel doch für sich selbst glänzen, als etwas, das seinen vollen Wert in sich selbst hat. Die Nützlichkeit oder Fruchtlosigkeit kann diesem Werte weder etwas zusetzen, noch abnehmen. Sie würde gleichsam nur die Einfassung sein, um ihn im gemeinen Verkehr besser handhaben zu können, oder die Aufmerksamkeit derer, die noch nicht genug Kenner sind, auf sich zu ziehen, nicht aber um ihn Kennern zu empfehlen und seinen Wert zu bestimmen.

Es liegt gleichwohl in der Idee von dem absoluten Werte des bloßen Willens, ohne einigen Nutzen bei Schätzung desselben in Anschlag zu bringen, etwas so Befremdliches, dass unerachtet aller Einstimmung selbst der gemeinen Vernunft mit derselben dennoch ein Verdacht entspringen muss, dass vielleicht bloß hochfliegende Phantasterei insgeheim zum Grunde liege, und die Natur in ihrer Absicht, warum sie unserm Willen Vernunft zur Regiererin beigelegt habe, falsch verstanden sein möge. Daher wollen wir diese Idee aus diesem Gesichtspunkte auf die Prüfung stellen.

In den Naturanlagen eines organisierten, d. i. zweckmäßig zum Leben eingerichteten, Wesens nehmen wir es als Grundsatz an, dass kein Werkzeug zu irgend einem Zwecke in demselben angetroffen werde, als was auch zu demselben das schicklichste und ihm am meisten angemessen ist. Wäre nun an einem Wesen, das Vernunft und einen Willen hat, seine Erhaltung, sein Wohlergehen, mit einem Worte seine Glückseligkeit, der eigentliche Zweck der Natur, so hätte sie ihre Veranstaltung dazu sehr schlecht getroffen, sich die Vernunft des Geschöpfs zur Ausrichterin dieser ihrer Absicht zu ersehen. Denn alle Handlungen, die es in dieser Absicht auszuüben hat, und die ganze Regel seines Verhaltens würden ihm weit genauer durch Instinkt vorgezeichnet und jener Zweck weit sicherer dadurch haben erhalten werden können, als es jemals durch Vernunft geschehen kann, und sollte diese ja obenein dem begünstigten Geschöpf erteilt worden sein, so würde sie ihm nur dazu haben dienen müssen, um über die glückliche Anlage seiner Natur Betrachtungen anzustellen, sie zu bewundern, sich ihrer zu erfreuen und der wohltätigen Ursache dafür dankbar zu sein; nicht aber, um sein Begehrungsvermögen jener schwachen und trüglichen Leitung zu unterwerfen und in der Naturabsicht zu pfuschen; mit einem Worte, sie würde verhütet haben, dass Vernunft nicht in praktischen Gebrauch ausschlüge und die Vermessenheit hätte, mit ihren schwachen Einsichten ihr selbst den Entwurf der Glückseligkeit und der Mittel dazu zu gelangen auszudenken; die Natur würde nicht allein die Wahl der Zwecke, sondern auch der Mittel selbst übernommen und beide mit weiser Vorsorge lediglich dem Instinkte anvertraut haben.

In der Tat finden wir auch, dass, je mehr eine kultivierte Vernunft sich mit der Absicht auf den Genuss des Lebens und der Glückseligkeit abgibt, desto weiter der Mensch von der wahren Zufriedenheit abkomme, woraus bei vielen und zwar den Versuchtesten im Gebrauche derselben, wenn sie nur aufrichtig genug sind, es zu gestehen, ein gewisser Grad von Misologie, d. i. der Hass der Vernunft, entspringt, weil sie nach dem Überschlage alles Vorteils, den sie, ich will nicht sagen von der Erfindung aller Künste des gemeinen Luxus, sondern sogar von den Wissenschaften (die ihnen am Ende auch ein Luxus des Verstandes zu sein scheinen) ziehen, dennoch finden, dass sie sich in der Tat nur mehr Mühseligkeit auf den Hals gezogen, als an Glückseligkeit gewonnen haben und darüber endlich den gemeinen Schlag der Menschen, welcher der Leitung des bloßen Naturinstinkts näher ist, und der seiner Vernunft nicht viel Einfluss auf sein Tun und Lassen verstattet, eher beneiden als geringschätzen. Und so weit muss man gestehen, dass das Urteil derer, die die ruhmredige Hochpreisungen der Vorteile, die uns die Vernunft in Ansehung der Glückseligkeit und Zufriedenheit des Lebens verschaffen sollte, sehr mäßigen und sogar unter Null herabsetzen, keineswegs grämisch, oder gegen die Güte der Weltregierung undankbar sei, sondern dass diesen Urteilen insgeheim die Idee von einer andern und viel würdigern Absicht ihrer Existenz zum Grunde liege, zu welcher und nicht der Glückseligkeit die Vernunft ganz eigentlich bestimmt sei, und welcher darum als oberster Bedingung die Privatabsicht des Menschen größtenteils nachstehen muss.

Denn da die Vernunft dazu nicht tauglich genug ist, um den Willen in Ansehung der Gegenstände desselben und der Befriedigung aller unserer Bedürfnisse (die sie zum Teil selbst vervielfältigt) sicher zu leiten, als zu welchem Zwecke ein eingepflanzter Naturinstinkt viel gewisser geführt haben würde, gleichwohl aber uns Vernunft als praktisches Vermögen, d. i. als ein solches, das Einfluss auf den Willen haben soll, dennoch zugeteilt ist: so muss die wahre Bestimmung derselben sein, einen nicht etwa in anderer Absicht als Mittel, sondern an sich selbst guten Willen hervorzubringen, wozu schlechterdings Vernunft nötig war, wo anders die Natur überall in Austeilung ihrer Anlagen zweckmäßig zu Werke gegangen ist. Dieser Wille darf also zwar nicht das einzige und das ganze, aber er muss doch das höchste Gut und zu allem Übrigen, selbst allem Verlangen nach Glückseligkeit die Bedingung sein, in welchem Falle es sich mit der Weisheit der Natur gar wohl vereinigen lässt, wenn man wahrnimmt, dass die Kultur der Vernunft, die zur erstern und unbedingten Absicht erforderlich ist, die Erreichung der zweiten, die jederzeit bedingt ist, nämlich der Glückseligkeit, wenigstens in diesem Leben auf mancherlei Weise einschränke, ja sie selbst unter Nichts herabbringen könne, ohne dass die Natur darin unzweckmäßig verfahre, weil die Vernunft, die ihre höchste praktische Bestimmung in der Gründung eines guten Willens erkennt, bei Erreichung dieser Absicht nur einer Zufriedenheit nach ihrer eigenen Art, nämlich aus der Erfüllung eines Zwecks, den wiederum nur Vernunft bestimmt, fähig ist, sollte dieses auch mit manchem Abbruch, der den Zwecken der Neigung geschieht, verbunden sein.

Um aber den Begriff eines an sich selbst hochzuschätzenden und ohne weitere Absicht guten Willens, so wie er schon dem natürlichen gesunden Verstande beiwohnt und nicht sowohl gelehrt als vielmehr nur aufgeklärt zu werden bedarf, diesen Begriff, der in der Schätzung des ganzen Werts unserer Handlungen immer obenan steht und die Bedingung alles übrigen ausmacht, zu entwickeln: wollen wir den Begriff der Pflicht vor uns nehmen, der den eines guten Willens, obzwar unter gewissen subjektiven Einschränkungen und Hindernissen, enthält, die aber doch, weit gefehlt dass sie ihn verstecken und unkenntlich machen sollten, ihn vielmehr durch Abstechung heben und desto heller hervorscheinen lassen.

Ich übergehe hier alle Handlungen, die schon als pflichtwidrig erkannt werden, ob sie gleich in dieser oder jener Absicht nützlich sein mögen; denn bei denen ist gar nicht einmal die Frage, ob sie aus Pflicht geschehen sein mögen, da sie dieser sogar widerstreiten. Ich setze auch die Handlungen bei Seite, die wirklich pflichtmäßig sind, zu denen aber Menschen unmittelbar keine Neigung haben, sie aber dennoch ausüben, weil sie durch eine andere Neigung dazu getrieben werden. Denn da lässt sich leicht unterscheiden, ob die pflichtmäßige Handlung aus Pflicht oder aus selbstsüchtiger Absicht geschehen sei. Weit schwerer ist dieser Unterschied zu bemerken, wo die Handlung pflichtmäßig ist und das Subjekt noch überdem unmittelbare Neigung zu ihr hat. Z. B. ist es allerdings pflichtmäßig, dass der Krämer seinen unerfahrnen Käufer nicht überteure, und, wo viel Verkehr ist, tut dieses auch der kluge Kaufmann nicht, sondern hält einen festgesetzten allgemeinen Preis für jedermann, so dass ein Kind eben so gut bei ihm kauft, als jeder andere. Man wird also ehrlich bedient; allein das ist lange nicht genug, um deswegen zu glauben, der Kaufmann habe aus Pflicht und Grundsätzen der Ehrlichkeit so verfahren; sein Vorteil erforderte es; dass er aber überdem noch eine unmittelbare Neigung zu den Käufern haben sollte, um gleichsam aus Liebe keinem vor dem andern im Preise den Vorzug zu geben, lässt sich hier nicht annehmen. Also war die Handlung weder aus Pflicht, noch aus unmittelbarer Neigung, sondern bloß in eigennütziger Absicht geschehen.

Dagegen sein Leben zu erhalten, ist Pflicht, und überdem hat jedermann dazu noch eine unmittelbare Neigung. Aber um deswillen hat die oft ängstliche Sorgfalt, die der größte Teil der Menschen dafür trägt, doch keinen innern Wert und die Maxime derselben keinen moralischen Gehalt. Sie bewahren ihr Leben zwar pflichtmäßig aber nicht aus Pflicht. Dagegen wenn Widerwärtigkeiten und hoffnungsloser Gram den Geschmack am Leben gänzlich weggenommen haben; wenn der Unglückliche, stark an Seele, über sein Schicksal mehr entrüstet als kleinmütig oder niedergeschlagen, den Tod wünscht und sein Leben doch erhält, ohne es zu lieben, nicht aus Neigung oder Furcht, sondern aus Pflicht: alsdann hat seine Maxime einen moralischen Gehalt.

Wohltätig sein, wo man kann, ist Pflicht, und überdem gibt es manche so teilnehmend gestimmte Seelen, dass sie auch ohne einen andern Bewegungsgrund der Eitelkeit oder des Eigennutzes ein inneres Vergnügen daran finden, Freude um sich zu verbreiten, und die sich an der Zufriedenheit anderer, so fern sie ihr Werk ist, ergötzen können. Aber ich behaupte, dass in solchem Falle dergleichen Handlung, so pflichtmäßig, so liebenswürdig sie auch ist, dennoch keinen wahren sittlichen Wert habe, sondern mit andern Neigungen zu gleichen Paaren gehe, z. E. der Neigung nach Ehre, die, wenn sie glücklicherweise auf das trifft, was in der Tat gemeinnützig und pflichtmäßig, mithin ehrenwert ist, Lob und Aufmunterung, aber nicht Hochschätzung verdient; denn der

Maxime fehlt der sittliche Gehalt, nämlich solche Handlungen nicht aus Neigung, sondern aus Pflicht zu tun. Gesetzt also, das Gemüt jenes Menschenfreundes wäre vom eigenen Gram umwölkt, der alle Teilnehmung an anderer Schicksal auslöscht, er hätte immer noch Vermögen, andern Notleidenden wohlzutun, aber fremde Not rührte ihn nicht, weil er mit seiner eigenen genug beschäftigt ist, und nun, da keine Neigung ihn mehr dazu anreizt, risse er sich doch aus dieser tödlichen Unempfindlichkeit heraus und täte die Handlung ohne alle Neigung, lediglich aus Pflicht, alsdann hat sie allererst ihren echten moralischen Wert. Noch mehr: wenn die Natur diesem oder jenem überhaupt wenig Sympathie ins Herz gelegt hätte, wenn er (übrigens ein ehrlicher Mann) von Temperament kalt und gleichgültig gegen die Leiden anderer wäre, vielleicht weil er, selbst gegen seine eigene mit der besondern Gabe der Geduld und aushaltenden Stärke versehen, dergleichen bei jedem andern auch voraussetzt, oder gar fordert; wenn die Natur einen solchen Mann (welcher wahrlich nicht ihr schlechtestes Produkt sein würde) nicht eigentlich zum Menschenfreunde gebildet hätte, würde er denn nicht noch in sich einen Quell finden, sich selbst einen weit höhern Wert zu geben, als der eines gutartigen Temperaments sein mag? Allerdings! gerade da hebt der Wert des Charakters an, der moralisch und ohne alle Vergleichung der höchste ist, nämlich dass er wohltue, nicht aus Neigung, sondern aus Pflicht.

Seine eigene Glückseligkeit sichern, ist Pflicht (wenigstens indirekt), denn der Mangel der Zufriedenheit mit seinem Zustande in einem Gedränge von vielen Sorgen und mitten unter unbefriedigten Bedürfnissen könnte leicht eine große Versuchung zu Übertretung der Pflichten werden. Aber auch ohne hier auf Pflicht zu sehen, haben alle Menschen schon von selbst die mächtigste und innigste Neigung zur Glückseligkeit, weil sich gerade in dieser Idee alle Neigungen zu einer Summe vereinigen. Nur ist die Vorschrift der Glückseligkeit mehrenteils so beschaffen, dass sie einigen Neigungen großen Abbruch tut und doch der Mensch sich von der Summe der Befriedigung aller unter dem Namen der Glückseligkeit keinen bestimmten und sichern Begriff machen kann; daher nicht zu verwundern ist, wie eine einzige in Ansehung dessen, was sie verheißt, und der Zeit, worin ihre Befriedigung erhalten werden kann, bestimmte Neigung eine schwankende Idee überwiegen könne, und der Mensch, z. B. ein Podagrist, wählen könne, zu genießen, was ihm schmeckt, und zu leiden, was er kann, weil er nach seinem Überschlage hier wenigstens sich nicht durch vielleicht grundlose Erwartungen eines Glücks, das in der Gesundheit stecken soll, um den Genuss des gegenwärtigen Augenblicks gebracht hat, Aber auch in diesem Falle, wenn die allgemeine Neigung zur Glückseligkeit seinen Willen nicht bestimmte, wenn Gesundheit für ihn wenigstens nicht so notwendig in diesen Überschlag gehörte, so bleibt noch hier wie in allen andern Fällen ein Gesetz übrig, nämlich seine Glückseligkeit zu befördern, nicht aus

Neigung, sondern aus Pflicht, und da hat sein Verhalten allererst den eigentlichen moralischen Wert.

So sind ohne Zweifel auch die Schriftstellen zu verstehen, darin geboten wird, seinen Nächsten, selbst unsern Feind zu lieben. Denn Liebe als Neigung kann nicht geboten werden, aber Wohltun aus Liebe selbst, wenn dazu gleich gar keine Neigung treibt, ja gar natürliche und unbezwingliche Abneigung widersteht, ist praktische und nicht pathologische Liebe, die im Willen liegt und nicht im Hange der Empfindung, in Grundsätzen der Handlung und nicht schmelzender Teilnehmung; jene aber allein kann geboten werden.

Der zweite Satz ist: eine Handlung aus Pflicht hat ihren moralischen Wert nicht in der Absicht, welche dadurch erreicht werden soll, sondern in der Maxime, nach der sie beschlossen wird, hängt also nicht von der Wirklichkeit des Gegenstandes der Handlung ab, sondern bloß von dem Prinzip des Wollens, nach welchem die Handlung unangesehen aller Gegenstände des Begehrungsvermögens geschehen ist. Dass die Absichten, die wir bei Handlungen haben mögen, und ihre Wirkungen, als Zwecke und Triebfedern des Willens, den Handlungen keinen unbedingten und moralischen Wert erteilen können, ist aus dem vorigen klar. Worin kann also dieser Wert liegen, wenn er nicht im Willen in Beziehung auf deren verhoffte Wirkung bestehen soll? Er kann nirgends anders liegen, als im Prinzip des Willens unangesehen der Zwecke, die durch solche Handlung bewirkt werden können; denn der Wille ist mitten inne zwischen seinem Prinzip a priori, welches formell ist, und zwischen seiner Triebfeder a posteriori, welche materiell ist, gleichsam auf einem Scheidewege, und da er doch irgend wodurch muss bestimmt werden, so wird er durch das formelle Prinzip des Wollens überhaupt bestimmt werden müssen, wenn eine Handlung aus Pflicht geschieht, da ihm alles materielle Prinzip entzogen worden.

Den dritten Satz als Folgerung aus beiden vorigen würde ich so ausdrücken: Pflicht ist die Notwendigkeit einer Handlung aus Achtung fürs Gesetz. Zum Objekte als Wirkung meiner vorhabenden Handlung kann ich zwar Neigung haben, aber niemals Achtung, eben darum weil sie bloß eine Wirkung und nicht Tätigkeit eines Willens ist. Eben so kann ich für Neigung überhaupt, sie mag nun meine oder eines andern seine sein, nicht Achtung haben, ich kann sie höchstens im ersten Falle billigen, im zweiten bisweilen selbst lieben, d. i. sie als meinem eigenen Vorteile günstig ansehen. Nur das, was bloß als Grund, niemals aber als Wirkung mit meinem Willen verknüpft ist, was nicht meiner Neigung dient, sondern sie überwiegt, wenigstens diese von deren Überschlage bei der Wahl ganz ausschließt, mithin das bloße Gesetz für sich kann ein Gegenstand der Achtung und hiermit ein Gebot sein. Nun soll eine Handlung aus Pflicht den Einfluss der Neigung und mit ihr jeden Gegenstand des Willens ganz absondern, also bleibt nichts für den Willen übrig, was ihn bestimmen könne, als objektiv das Gesetz und subjektiv reine Achtung für dieses praktische Gesetz, mithin die Maxime, einem solchen Gesetze selbst mit Abbruch aller meiner Neigungen Folge zu leisten.

Es liegt also der moralische Wert der Handlung nicht in der Wirkung, die daraus erwartet wird, also auch nicht in irgend einem Prinzip der Handlung, welches seinen Bewegungsgrund von dieser erwarteten Wirkung zu entlehnen bedarf. Denn alle diese Wirkungen (Annehmlichkeit seines Zustandes, ja gar Beförderung fremder Glückseligkeit) konnten auch durch andere Ursachen zu Stande gebracht werden, und es brauchte also dazu nicht des Willens eines vernünftigen Wesens, worin gleichwohl das höchste und unbedingte Gute allein angetroffen werden kann. Es kann daher nichts anders als die Vorstellung des Gesetzes an sich selbst, die freilich nur im vernünftigen Wesen stattfindet so fern sie, nicht aber die verhoffte Wirkung der Bestimmungsgrund des Willens ist, das so vorzügliche Gute, welches wir sittlich nennen, ausmachen, welches in der Person selbst schon gegenwärtig ist, die darnach handelt, nicht aber allererst aus der Wirkung erwartet werden darf.

Was kann das aber wohl für ein Gesetz sein, dessen Vorstellung, auch ohne auf die daraus erwartete Wirkung Rücksicht zu nehmen, den Willen bestimmen muss, damit dieser schlechterdings und ohne Einschränkung gut heißen könne? Da ich den Willen aller Antriebe beraubt habe, die ihm aus der Befolgung irgend eines Gesetzes entspringen könnten, so bleibt nichts als die allgemeine Gesetzmäßigkeit der Handlungen überhaupt übrig, welche allein dem Willen zum Prinzip dienen soll, d. i. ich soll niemals anders verfahren als so, dass ich auch wollen könne, meine Maxime solle ein allgemeines Gesetz werden. Hier ist nun die bloße Gesetzmäßigkeit überhaupt (ohne irgend ein auf gewisse Handlungen bestimmtes Gesetz zum Grunde zu legen) das, was dem Willen zum Prinzip dient und ihm auch dazu dienen muss, wenn Pflicht nicht überall ein leerer Wahn und schimärischer Begriff sein soll; hiermit stimmt die gemeine Menschenvernunft in ihrer praktischen Beurteilung auch vollkommen überein und hat das gedachte Prinzip jederzeit vor Augen.

Die Frage sei z. B.: darf ich, wenn ich im Gedränge bin, nicht ein Versprechen tun, in der Absicht, es nicht zu halten? Ich mache hier leicht den Unterschied, den die Bedeutung der Frage haben kann, ob es klüglich, oder ob es pflichtmäßig sei, ein falsches Versprechen zu tun. Das erstere kann ohne Zweifel öfters stattfinden. Zwar sehe ich wohl, dass es nicht genug sei, mich vermittelst dieser Ausflucht aus einer gegenwärtigen Verlegenheit zu ziehen, sondern wohl überlegt werden müsse, ob mir aus dieser Lüge nicht hinterher viel größere Ungelegenheit entspringen könne, als die sind, von denen ich mich jetzt befreie, und, da die Folgen bei aller meiner vermeinten Schlauigkeit nicht so leicht vorauszusehen sind, dass nicht ein einmal verlornes Zutrauen mir weit nachteiliger werden könnte als alles Übel, das ich jetzt zu vermeiden gedenke, ob es nicht klüglicher gehandelt sei, hierbei nach einer allgemeinen Maxime zu verfahren und es sich zur Gewohnheit zu machen, nichts zu versprechen als in der Absicht, es zu halten. Allein es leuchtet mir hier bald ein, dass eine solche Maxime doch immer nur die besorglichen Folgen zum Grunde habe. Nun ist es doch etwas ganz anderes, aus Pflicht wahrhaft zu sein, als aus Besorgnis der nachteiligen Folgen: indem im ersten Falle der Begriff der Handlung an sich selbst schon ein Gesetz für mich enthält, im zweiten ich mich allererst anderwärtsher umsehen muss, welche Wirkungen für mich wohl damit verbunden sein möchten. Denn wenn ich von dem Prinzip der Pflicht abweiche, so ist es ganz gewiss böse; werde ich aber meiner Maxime der Klugheit abtrünnig, so kann das mir doch manchmal sehr vorteilhaft sein, wiewohl es freilich sicherer ist, bei ihr zu bleiben. Um indessen mich in Ansehung der Beantwortung dieser Aufgabe, ob ein lügenhaftes Versprechen pflichtmäßig sei, auf die allerkürzeste und doch untrügliche Art zu belehren, so frage ich mich selbst: würde ich wohl damit zufrieden sein, dass meine Maxime (mich durch ein unwahres Versprechen aus Verlegenheit zu ziehen) als ein allgemeines Gesetz (sowohl für mich als andere) gelten solle, und würde ich wohl zu mir sagen können: es mag jedermann ein unwahres Versprechen tun, wenn er sich in Verlegenheit befindet, daraus er sich auf andere Art nicht ziehen kann? So werde ich bald inne, dass ich zwar die Lüge, aber ein allgemeines

Gesetz zu lügen gar nicht wollen könne; denn nach einem solchen würde es eigentlich gar kein Versprechen geben, weil es vergeblich wäre, meinen Willen in Ansehung meiner künftigen Handlungen andern vorzugeben, die diesem Vorgeben doch nicht glauben, oder, wenn sie es übereilter Weise täten, mich doch mit gleicher Münze bezahlen würden, mithin meine Maxime, so bald sie zum allgemeinen Gesetze gemacht würde, sich selbst zerstören müsse.

Was ich also zu tun habe, damit mein Wollen sittlich gut sei, dazu brauche ich gar keine weit ausholende Scharfsinnigkeit. Unerfahren in Ansehung des Weltlaufs, unfähig auf alle sich ereignende Vorfälle desselben gefasst zu sein, frage ich mich nur: Kannst du auch wollen, dass deine Maxime ein allgemeines Gesetz werde? Wo nicht, so ist sie verwerflich und das zwar nicht um eines dir oder auch anderen daraus bevorstehenden Nachteils willen, sondern weil sie nicht als Prinzip in eine mögliche allgemeine Gesetzgebung passen kann; für diese aber zwingt mir die Vernunft unmittelbare Achtung ab, von der ich zwar jetzt noch nicht einsehe, worauf sie sich gründe (welches der Philosoph untersuchen mag), wenigstens aber doch so viel verstehe: dass es eine Schätzung des Wertes sei, welcher allen Wert dessen, was durch Neigung angepriesen wird, weit überwiegt, und dass die Notwendigkeit meiner Handlungen aus reiner Achtung fürs praktische Gesetz dasjenige sei, was die Pflicht ausmacht, der jeder andere Bewegungsgrund weichen muss, weil sie die Bedingung eines an sieh guten Willens ist, dessen Wert über alles geht.

So sind wir denn in der moralischen Erkenntnis der gemeinen Menschenvernunft bis zu ihrem Prinzip gelangt, welches sie sich zwar freilich nicht so in einer allgemeinen Form abgesondert denkt, aber doch jederzeit wirklich vor Augen hat und zum Richtmaße ihrer Beurteilung braucht. Es wäre hier leicht zu zeigen, wie sie mit diesem Kompasse in der Hand in allen vorkommenden Fällen sehr gut Bescheid wisse, zu unterscheiden, was gut, was böse, pflichtmäßig, oder pflichtwidrig sei, wenn man, ohne sie im mindesten etwas Neues zu lehren, sie nur, wie Sokrates tat, auf ihr eigenes Prinzip aufmerksam macht, und dass es also keiner Wissenschaft und Philosophie bedürfe, um zu wissen, was man zu tun habe, um ehrlich und gut, ja sogar um weise und tugendhaft zu sein. Das ließe sich auch wohl schon zum voraus vermuten, dass die Kenntnis dessen, was zu tun, mithin auch zu wissen jedem Menschen obliegt, auch jedes, selbst des gemeinsten Menschen Sache sein werde. Hier kann man es doch nicht ohne Bewunderung ansehen, wie das praktische Beurteilungsvermögen vor dem theoretischen im gemeinen Menschenverstande so gar viel voraus habe. In dem letzteren, wenn die gemeine Vernunft es wagt, von den Erfahrungsgesetzen und den Wahrnehmungen der Sinne abzugehen, gerät sie in lauter Unbegreiflichkeiten und Widersprüche mit sich selbst, wenigstens in ein Chaos von Ungewissheit, Dunkelheit und Unbestand. Im praktischen aber fängt die Beurteilungskraft dann eben allererst an, sich recht vorteilhaft zu zeigen, wenn der gemeine Verstand alle sinnliche Triebfedern von praktischen Gesetzen ausschließt. Er wird alsdann sogar subtil, es mag sein, dass er mit seinem Gewissen oder anderen Ansprüchen in Beziehung auf das, was recht heißen soll, schikanieren, oder auch den Wert der Handlungen zu seiner eigenen Belehrung aufrichtig bestimmen will, und was das meiste ist, er kann im letzteren Falle sich eben so gut Hoffnung machen, es recht zu treffen, als es sich immer ein Philosoph versprechen mag, ja ist beinahe noch sicherer hierin, als selbst der letztere, weil dieser doch kein anderes Prinzip als jener haben, sein Urteil aber durch eine Menge fremder, nicht zur Sache gehöriger Erwägungen leicht verwirren und von der geraden Richtung abweichend machen kann. Wäre es demnach nicht ratsamer, es in moralischen Dingen bei dem gemeinen Vernunfturteil bewenden zu lassen und höchstens nur Philosophie anzubringen, um das System der Sitten desto vollständiger und fasslicher, imgleichen die Regeln derselben zum Gebrauche (noch mehr aber zum Disputieren) bequemer darzustellen, nicht aber um selbst in praktischer Absicht den gemeinen Menschenverstand von seiner glücklichen Einfalt abzubringen und ihn durch Philosophie auf einen neuen Weg der Untersuchung und Belehrung zu bringen?

Es ist eine herrliche Sache um die Unschuld, nur es ist auch wiederum sehr schlimm, dass sie sich nicht wohl bewahren lässt und leicht verführt wird. Deswegen bedarf selbst die Weisheit - die sonst wohl mehr im Thun und Lassen, als im Wissen besteht - doch auch der Wissenschaft, nicht um von ihr zu lernen, sondern ihrer Vorschrift Eingang und Dauerhaftigkeit zu verschaffen. Der Mensch fühlt in sich selbst ein mächtiges Gegengewicht gegen alle Gebote der Pflicht, die ihm die Vernunft so hochachtungswürdig vorstellt, an seinen Bedürfnissen und Neigungen, deren ganze Befriedigung er unter dem Namen der Glückseligkeit zusammenfasst. Nun gebietet die Vernunft, ohne doch dabei den Neigungen etwas zu verheißen, unnachlasslich, mithin gleichsam mit Zurücksetzung und Nichtachtung jener so ungestümen und dabei so billig scheinenden Ansprüche (die sich durch kein Gebot wollen aufheben lassen) ihre Vorschriften. Hieraus entspringt aber eine natürliche Dialektik d. i. ein Hang, wider jene strenge Gesetze der Pflicht zu vernünfteln und ihre Gültigkeit, wenigstens ihre Reinigkeit und Strenge in Zweifel zu ziehen und sie wo möglich unsern Wünschen und Neigungen angemessener zu machen, d. i. sie im Grunde zu verderben und um ihre ganze Würde zu bringen, welches denn doch selbst die gemeine praktische Vernunft am Ende nicht gut heißen kann.

So wird also die gemeine Menschenvernunft nicht durch irgend ein Bedürfnis der Spekulation (welches ihr, so lange sie sich genügt, bloße gesunde Vernunft zu sein, niemals anwandelt), sondern selbst aus praktischen Gründen angetrieben, aus ihrem Kreise zu gehen und einen Schritt ins Feld einer praktischen Philosophie zu tun, um daselbst wegen der Quelle ihres Prinzips und richtigen Bestimmung desselben in Gegenhaltung mit den Maximen, die sich auf Bedürfnis und Neigung fußen, Erkundigung und deutliche Anweisung zu bekommen, damit sie aus der Verlegenheit wegen beiderseitiger Ansprüche herauskomme und nicht Gefahr laufe, durch die Zweideutigkeit, in die sie leicht geräth, um alle echte sittliche Grundsätze gebracht zu werden. Also entspinnt sich eben sowohl in der praktischen gemeinen Vernunft, wenn sie sich kultiviert, unvermerkt eine Dialektik, welche sie nötigt, in der Philosophie Hülfe zu suchen, als es ihr im theoretischen Gebrauche widerfährt, und die erstere wird daher wohl eben so wenig als die andere irgendwo sonst, als in einer vollständigen Kritik unserer Vernunft Ruhe finden.

Zweiter Abschnitt

Übergang von der populären sittlichen Weltweisheit zur Metaphysik der Sitten

Wenn wir unsern bisherigen Begriff der Pflicht aus dem gemeinen Gebrauche unserer praktischen Vernunft gezogen haben, so ist daraus keineswegs zu schließen, als hätten wir ihn als einen Erfahrungsbegriff behandelt. Vielmehr, wenn wir auf die Erfahrung vom Tun und Lassen der Menschen Acht haben, treffen wir häufige und, wie wir selbst einräumen, gerechte Klagen an, dass man von der Gesinnung, aus reiner Pflicht zu handeln, so gar keine sichere Beispiele anführen könne, dass, wenn gleich manches dem, was Pflicht gebietet, gemäß geschehen mag, dennoch es immer noch zweifelhaft sei, ob es eigentlich aus Pflicht geschehe und also einen moralischen Wert habe. Daher es zu aller Zeit Philosophen gegeben hat, welche die Wirklichkeit dieser Gesinnung in den menschlichen Handlungen schlechterdings abgeleugnet und alles der mehr oder weniger verfeinerten Selbstliebe zugeschrieben haben, ohne doch deswegen die Richtigkeit des Begriffs von Sittlichkeit in Zweifel zu ziehen, vielmehr mit inniglichem Bedauern der Gebrechlichkeit und Unlauterkeit der menschlichen Natur Erwähnung taten, die zwar edel genug sei, sich eine so achtungswürdige Idee zu ihrer Vorschrift zu machen, aber zugleich zu schwach, um sie zu befolgen, und die Vernunft, die ihr zur Gesetzgebung dienen sollte, nur dazu braucht, um das Interesse der

Neigungen, es sei einzeln oder, wenn es hoch kommt, in ihrer größten Verträglichkeit unter einander, zu besorgen.

In der Tat ist es schlechterdings unmöglich, durch Erfahrung einen einzigen Fall mit völliger Gewissheit auszumachen, da die Maxime einer sonst pflichtmäßigen Handlung lediglich auf moralischen Gründen und auf der Vorstellung seiner Pflicht beruht habe. Denn es ist zwar bisweilen der Fall, dass wir bei der schärfsten Selbstprüfung gar nichts antreffen, was außer dem moralischen Grunde der Pflicht mächtig genug hätte sein können, uns zu dieser oder jener guten Handlung und so großer Aufopferung zu bewegen; es kann aber daraus gar nicht mit Sicherheit geschlossen werden, dass wirklich gar kein geheimer Antrieb der Selbstliebe unter der bloßen Vorspiegelung jener Idee die eigentliche bestimmende Ursache des Willens gewesen sei, dafür wir denn gerne uns mit einem uns fälschlich angemaßten edleren Bewegungsgrunde schmeicheln, in der Tat aber selbst durch die angestrengteste Prüfung hinter die geheimen Triebfedern niemals völlig kommen können, weil, wenn vom moralischen Werte die Rede ist, es nicht auf die Handlungen ankommt, die man sieht, sondern auf jene innere Prinzipien derselben, die man nicht sieht.

Man kann auch denen, die alle Sittlichkeit als bloßes Hirngespinst einer durch Eigendünkel sich selbst übersteigenden menschlichen Einbildung verlachen, keinen gewünschteren Dienst tun, als ihnen einzuräumen, dass die Begriffe der Pflicht (so wie man sich auch aus Gemächlichkeit gerne überredet, dass es auch mit allen übrigen Begriffen bewandt sei) lediglich aus der Erfahrung gezogen werden mussten; denn da bereitet man jenen einen sichern Triumph. Ich will aus Menschenliebe einräumen, dass noch die meisten unserer Handlungen pflichtmäßig seien; sieht man aber ihr Tichten und Trachten näher an, so stößt man allenthalben auf das liebe Selbst, was immer hervorsticht, worauf und nicht auf das strenge Gebot der Pflicht, welches mehrmals Selbstverleugnung erfordern würde, sich ihre Absicht stützt. Man braucht auch eben kein Feind der Tugend, sondern nur ein kaltblütiger Beobachter zu sein, der den lebhaftesten Wunsch für das Gute nicht sofort für dessen Wirklichkeit hält, um (vornehmlich mit zunehmenden Jahren und einer durch Erfahrung teils gewitzigten, teils zum Beobachten geschärften Urteilskraft) in gewissen Augenblicken zweifelhaft zu werden, ob auch wirklich in der Welt irgend wahre Tugend angetroffen werde. Und hier kann uns nun nichts vor dem gänzlichen Abfall von unseren Ideen der Pflicht bewahren und gegründete Achtung gegen ihr Gesetz in der Seele erhalten, als die klare Überzeugung, dass, wenn es auch niemals Handlungen gegeben habe, die aus solchen reinen Quellen entsprungen wären, dennoch hier auch davon gar nicht die Rede sei, ob dies oder jenes geschehe, sondern die Vernunft für sich selbst und unabhängig von allen Erscheinungen gebiete, was geschehen soll, mithin Handlungen, von denen die Welt vielleicht bisher noch gar kein Beispiel gegeben hat, an deren Tunlichkeit sogar der, so alles auf Erfahrung gründet, sehr zweifeln möchte, dennoch durch Vernunft unnachlässlich geboten seien, und dass z. B. reine Redlichkeit in der Freundschaft um nichts weniger von jedem Menschen gefordert werden könne, wenn es gleich bis jetzt gar keinen redlichen Freund gegeben haben möchte, weil diese Pflicht als Pflicht überhaupt vor aller Erfahrung in der Idee einer den Willen durch Gründe a priori bestimmenden Vernunft liegt.

Setzt man hinzu, dass, wenn man dem Begriffe von Sittlichkeit nicht gar alle Wahrheit und Beziehung auf irgend ein mögliches Objekt bestreiten will, man nicht in Abrede ziehen könne, dass sein Gesetz von so ausgebreiteter Bedeutung sei, dass es nicht bloß für Menschen, sondern alle vernünftige Wesen überhaupt, nicht bloß unter zufälligen Bedingungen und mit Ausnahmen, sondern schlechterdings notwendig gelten müsse: so ist klar, dass keine Erfahrung, auch nur auf die Möglichkeit solcher apodiktischen Gesetze zu schließen, Anlass geben könne. Denn mit welchem Rechte können wir das, was vielleicht nur unter den zufälligen Bedingungen der Menschheit gültig ist, als allgemeine Vorschrift für jede vernünftige Natur in unbeschränkte Achtung bringen, und wie sollen Gesetze der Bestimmung unseres Willens für Gesetze der Bestimmung des Willens eines vernünftigen Wesens überhaupt und nur als solche auch für den unsrigen gehalten werden, wenn sie bloß empirisch wären und nicht völlig a priori aus reiner, aber praktischer Vernunft ihren Ursprung nähmen?

Man könnte auch der Sittlichkeit nicht übler raten, als wenn man sie von Beispielen entlehnen wollte. Denn jedes Beispiel, was mir davon vorgestellt wird, muss selbst zuvor nach Prinzipien der Moralität beurteilt werden, ob es auch würdig sei, zum ursprünglichen Beispiele, d. i. zum Muster, zu dienen, keineswegs aber kann es den Begriff derselben zu oberst an die Hand geben. Selbst der Heilige des Evangellii muss zuvor mit unserm Ideal der sittlichen Vollkommenheit verglichen werden, ehe man ihn dafür erkennt; auch sagt er von sich selbst: was nennt ihr mich (den ihr sehet) gut? niemand ist gut (das Urbild des Guten) als der einige Gott (den ihr nicht sehet). Woher haben wir aber den Begriff von Gott als dem höchsten Gut? Lediglich aus der Idee, die die Vernunft a priori von sittlicher Vollkommenheit entwirft und mit dem Begriffe eines freien Willens unzertrennlich verknüpft. Nachahmung findet im Sittlichen gar nicht statt, und Beispiele dienen nur zur Aufmunterung, d. i. sie setzen die Tunlichkeit dessen, was das Gesetz gebietet, außer Zweifel, sie machen das, was die praktische Regel allgemeiner ausdrückt, anschaulich, können aber niemals berechtigen, ihr wahres Original, das in der Vernunft liegt, bei Seite zu setzen und sich nach Beispielen zu richten.

Wenn es denn keinen ächten obersten Grundsatz der Sittlichkeit gibt, der nicht unabhängig von aller Erfahrung bloß auf reiner Vernunft beruhen müsste, so glaube ich, es sei nicht nötig, auch nur zu fragen, ob es gut sei, diese Begriffe, so wie sie samt den ihnen zugehörigen Prinzipien a priori feststehen, im Allgemeinen (in abstracto) vorzutragen, wofern das Erkenntnis sich vom gemeinen unterscheiden und philosophisch heißen soll. Aber in unsern Zeiten möchte dieses wohl nötig sein. Denn wenn man Stimmen sammelte, ob reine von allem Empirischen abgesonderte Vernunfterkenntnis, mithin Metaphysik der Sitten, oder populäre praktische Philosophie vorzuziehen sei, so errät man bald, auf welche Seite das Übergewicht fallen werde.

Diese Herablassung zu Volksbegriffen ist allerdings sehr rühmlich, wenn die Erhebung zu den Prinzipien der reinen Vernunft zuvor geschehen und zur völligen Befriedigung erreicht ist, und das würde heißen, die Lehre der Sitten zuvor auf Metaphysik gründen, ihr aber, wenn sie fest steht, nachher durch Popularität Eingang verschaffen. Es ist aber äußerst ungereimt, dieser in der ersten Untersuchung, worauf alle Richtigkeit der Grundsätze ankommt, schon willfahren zu wollen. Nicht allein dass dieses Verfahren auf das höchst seltene Verdienst einer wahren philosophischen Popularität niemals Anspruch machen kann, indem es gar keine Kunst ist, gemeinverständlich zu sein, wenn man dabei auf alle gründliche Einsicht Verzicht tut, so bringt es einen ekelhaften Mischmasch von zusammengestoppelten Beobachtungen und halbvernünftelnden Prinzipien zum Vorschein, daran sich schale Köpfe laben, weil es doch etwas gar Brauchbares fürs alltägliche Geschwätz ist, wo Einsehende aber Verwirrung fühlen und unzufrieden, ohne sich doch helfen zu können, ihre Augen wegwenden, obgleich Philosophen, die das Blendwerk ganz wohl durchschauen, wenig Gehör finden, wenn sie auf einige Zeit von der vorgeblichen Popularität abrufen, um nur allererst nach erworbener bestimmter Einsicht mit Recht populär sein zu dürfen.

Man darf nur die Versuche über die Sittlichkeit in jenem beliebten Geschmacke ansehen, so wird man bald die besondere Bestimmung der menschlichen Natur (mitunter aber auch die Idee von einer vernünftigen Natur überhaupt), bald Vollkommenheit, bald Glückseligkeit, hier moralisches Gefühl, dort Gottesfurcht, von diesem etwas, von jenem auch etwas in wunderbarem Gemische antreffen, ohne dass man sich einfallen lässt zu fragen, ob auch überall in der Kenntnis der menschlichen Natur (die wir doch nur von der Erfahrung herhaben können) die Prinzipien der Sittlichkeit zu suchen seien, und, wenn dieses nicht ist, wenn die letztere völlig a priori, frei von allem Empirischen, schlechterdings in reinen Vernunftbegriffen und nirgends anders auch nicht dem mindesten Teile nach anzutreffen sind, den Anschlag zu fassen, diese Untersuchung als reine praktische Weltweisheit, oder (wenn man einen verschrieenen Namen nennen darf) als Metaphysik der Sitten lieber ganz abzusondern, sie für sich allein zu ihrer ganzen Vollständigkeit zu bringen und das

Publikum, das Popularität verlangt, bis zum Ausgange dieses Unternehmens zu vertrösten.

Es ist aber eine solche völlig isolierte Metaphysik der Sitten, die mit keiner Anthropologie, mit keiner Theologie, mit keiner Physik oder Hyperphysik, noch weniger mit verborgenen Qualitäten (die man hypophysisch nennen könnte) vermischt ist, nicht allein ein unentbehrliches Substrat aller theoretischen, sicher bestimmten Erkenntnis der Pflichten, sondern zugleich ein Desiderat von der höchsten Wichtigkeit zur wirklichen Vollziehung ihrer Vorschriften. Denn die reine und mit keinem fremden Zusatze von empirischen Anreizen vermischte Vorstellung der Pflicht und überhaupt des sittlichen Gesetzes hat auf das menschliche Herz durch den Weg der Vernunft allein (die hierbei zuerst inne wird, dass sie für sich selbst auch praktisch sein kann) einen so viel mächtigern Einfluss, als alle andere Triebfedern, die man aus dem empirischen Felde aufbieten mag, dass sie im Bewusstsein ihrer Würde die letzteren verachtet und nach und nach ihr Meister werden kann; an dessen Statt eine vermischte Sittenlehre, die aus Triebfedern von Gefühlen und Neigungen und zugleich aus Vernunftbegriffen zusammengesetzt ist, das Gemüt zwischen Bewegursachen, die sich unter kein Prinzip bringen lassen, die nur sehr zufällig zum Guten, öfters aber auch zum Bösen leiten können, schwankend machen muss.

Aus dem Angeführten erhellt: dass alle sittliche Begriffe völlig a priori in der Vernunft ihren Sitz und Ursprung haben und dieses zwar in der gemeinsten Menschenvernunft eben sowohl, als der im höchsten Maße spekulativen; dass sie von keinem empirischen und darum bloß zufälligen Erkenntnisse abstrahiert werden können; dass in dieser Reinigkeit ihres Ursprungs eben ihre Würde liege, um uns zu obersten praktischen Prinzipien zu dienen; dass man jedesmal so viel, als man Empirisches hinzu tut, so viel auch ihrem ächten Einflusse und dem uneingeschränkten Werte der Handlungen entziehe; dass es nicht allein die größte Notwendigkeit in theoretischer Absicht, wenn es bloß auf Spekulation ankommt, erfordere, sondern auch von der größten praktischen Wichtigkeit sei, ihre Begriffe und Gesetze aus reiner Vernunft zu schöpfen, rein und unvermengt vorzutragen, ja den Umfang dieses ganzen praktischen oder reinen Vernunfterkenntnisses, d. i. das ganze Vermögen der reinen praktischen Vernunft, zu bestimmen, hierin aber nicht, wie es wohl die spekulative Philosophie erlaubt, ja gar bisweilen notwendig findet, die Prinzipien von der besondern Natur der menschlichen Vernunft abhängig zu machen, sondern darum, weil moralische Gesetze für jedes vernünftige Wesen überhaupt gelten sollen, sie schon aus dem allgemeinen Begriffe eines vernünftigen Wesens überhaupt abzuleiten und auf solche Weise alle Moral, die zu ihrer Anwendung auf Menschen der Anthropologie bedarf, zuerst unabhängig von dieser als reine Philosophie, d. i. als Metaphysik, vollständig (welches sich in dieser Art ganz abgesonderter Erkenntnisse wohl tun lässt) vorzutragen, wohl bewusst, dass es, ohne im Besitze derselben zu sein, vergeblich sei, ich will nicht sagen, das Moralische der Pflicht in allem, was pflichtmäßig ist, genau für die spekulative Beurteilung zu bestimmen, sondern sogar im bloß gemeinen und praktischen Gebrauche, vornehmlich der moralischen Unterweisung, unmöglich sei, die Sitten auf ihre echte Prinzipien zu gründen und dadurch reine moralische Gesinnungen zu bewirken und zum höchsten Weltbesten den Gemütern einzupfropfen.

Um aber in dieser Bearbeitung nicht bloß von der gemeinen sittlichen Beurteilung (die hier sehr achtungswürdig ist) zur philosophischen, wie sonst geschehen ist, sondern von einer populären Philosophie, die nicht weiter geht, als sie durch Tappen vermittelst der Beispiele kommen kann, bis zur Metaphysik (die sich durch nichts Empirisches weiter zurückhalten lässt und, indem sie den ganzen Inbegriff der Vernunfterkenntnis dieser Art ausmessen muss, allenfalls bis zu Ideen geht, wo selbst die Beispiele uns verlassen) durch die natürlichen Stufen fortzuschreiten, müssen wir das praktische Vernunftvermögen von seinen allgemeinen Bestimmungsregeln an bis dahin, wo aus ihm der Begriff der Pflicht entspringt, verfolgen und deutlich darstellen.

Ein jedes Ding der Natur wirkt nach Gesetzen. Nur ein vernünftiges Wesen hat das Vermögen, nach der Vorstellung der Gesetze, d. i. nach

Prinzipien, zu handeln, oder einen Willen. Da zur Ableitung der Handlungen von Gesetzen Vernunft erfordert wird, so ist der Wille nichts anders als praktische Vernunft. Wenn die Vernunft den Willen unausbleiblich bestimmt, so sind die Handlungen eines solchen Wesens, die als Objektiv notwendig erkannt werden, auch subjektiv notwendig, d. i. der Wille ist ein Vermögen, nur dasjenige zu wählen, was die Vernunft unabhängig von der Neigung als praktisch notwendig, d. i. als gut, erkennt. Bestimmt aber die Vernunft für sich allein den Willen nicht hinlänglich, ist dieser noch subjektiven Bedingungen (gewissen Triebfedern) unterworfen, die nicht immer mit den Objektiven übereinstimmen; mit einem Worte, ist der Wille nicht an sich völlig der Vernunft gemäß (wie es bei Menschen wirklich ist): so sind die Handlungen, die Objektiv als notwendig erkannt werden, subjektiv zufällig, und die Bestimmung eines solchen Willens Objektiven Gesetzen gemäß ist Nötigung; d. i. das Verhältnis der Objektiven Gesetze zu einem nicht durchaus guten Willen wird vorgestellt als die Bestimmung des Willens eines vernünftigen Wesens zwar durch Gründe der Vernunft, denen aber dieser Wille seiner Natur nach nicht notwendig folgsam ist.

Die Vorstellung eines Objektiven Prinzips, sofern es für einen Willen nötigend ist, heißt ein Gebot (der Vernunft), und die Formel des Gebots heißt Imperativ.

Alle Imperativen werden durch ein Sollen ausgedrückt und zeigen dadurch das Verhältnis eines Objektiven Gesetzes der Vernunft zu einem Willen an, der seiner subjektiven Beschaffenheit nach dadurch nicht notwendig bestimmt wird (eine Nötigung). Sie sagen, dass etwas zu tun oder zu unterlassen gut sein würde, allein sie sagen es einem Willen, der nicht immer darum etwas tut, weil ihm vorgestellt wird, dass es zu tun gut sei. Praktisch gut ist aber, was vermittelst der Vorstellungen der Vernunft, mithin nicht aus subjektiven Ursachen, sondern Objektiv, d. i. aus Gründen, die für jedes vernünftige Wesen als ein solches gültig sind, den Willen bestimmt. Es wird vom Angenehmen unterschieden als demjenigen, was nur vermittelst der Empfindung aus bloß subjektiven Ursachen, die nur für dieses oder jenes seinen Sinn gelten, und nicht als Prinzip der Vernunft, das für jedermann gilt, auf den Willen Einfluss hat.

Ein vollkommen guter Wille würde also eben sowohl unter Objektiven Gesetzen (des Guten) stehen, aber nicht dadurch als zu gesetzmäßigen Handlungen genötigt vorgestellt werden können, weil er von selbst nach seiner subjektiven Beschaffenheit nur durch die Vorstellung des Guten bestimmt werden kann. Daher gelten für den göttlichen und überhaupt für einen heiligen Willen keine Imperativen; das Sollen ist hier am unrechten Orte, weil das Wollen schon von selbst mit dem Gesetz notwendig einstimmig ist. Daher sind Imperativen nur Formeln, das Verhältnis Objektiver Gesetze des Wollens überhaupt zu der subjektiven

Unvollkommenheit des Willens dieses oder jenes vernünftigen Wesens, z. B. des menschlichen Willens, auszudrücken.

Alle Imperativen nun gebieten entweder hypothetisch, oder kategorisch. Jene stellen die praktische Notwendigkeit einer möglichen Handlung als Mittel zu etwas anderem, was man will (oder doch möglich ist, dass man es wolle), zu gelangen vor. Der kategorische Imperativ würde der sein, welcher eine Handlung als für sich selbst, ohne Beziehung auf einen andern Zweck, als Objektiv-notwendig vorstellte.

Weil jedes praktische Gesetz eine mögliche Handlung als gut und darum für ein durch Vernunft praktisch bestimmbares Subjekt als notwendig vorstellt, so sind alle Imperativen Formeln der Bestimmung der Handlung, die nach dem Prinzip eines in irgend einer Art guten Willens notwendig ist. Wenn nun die Handlung bloß wozu anders als Mittel gut sein würde, so ist der Imperativ hypothetisch; wird sie als an sich gut vorgestellt, mithin als notwendig in einem an sich der Vernunft gemäßen Willen, als Prinzip desselben, so ist er kategorisch.

Der Imperativ sagt also, welche durch mich mögliche Handlung gut wäre, und stellt die praktische Regel in Verhältnis auf einen Willen vor, der darum nicht sofort eine Handlung tut, weil sie gut ist, teils weil das Subjekt nicht immer weiß, dass sie gut sei, teils weil, wenn es dieses auch wüsste, die Maximen desselben doch den Objektiven Prinzipien einer praktischen Vernunft zuwider sein könnten.

Der hypothetische Imperativ sagt also nur, dass die Handlung zu irgend einer möglichen oder wirklichen Absicht gut sei. Im ersteren Falle ist er ein problematisch, im zweiten assertorisch-praktisches Prinzip. Der kategorische Imperativ, der die Handlung ohne Beziehung auf irgend eine Absicht, d. i. auch ohne irgend einen andern Zweck, für sich als Objektiv notwendig erklärt, gilt als ein apodiktisch-praktisches Prinzip.

Man kann sich das, was nur durch Kräfte irgend eines vernünftigen Wesens möglich ist, auch für irgend einen Willen als mögliche Absicht denken, und daher sind der Prinzipien der Handlung, so fern diese als notwendig vorgestellt wird, um irgend eine dadurch zu bewirkende mögliche Absicht zu erreichen, in der Tat unendlich viel. Alle Wissenschaften haben irgend einen praktischen Teil, der aus Aufgaben besteht, dass irgend ein Zweck für uns möglich sei, und aus Imperativen, wie er erreicht werden könne. Diese können daher überhaupt Imperativen der Geschicklichkeit heißen. Ob der Zweck vernünftig und gut sei, davon ist hier gar nicht die Frage, sondern nur was man tun müsse, um ihn zu erreichen. Die Vorschriften für den Arzt, um seinen Mann auf gründliche Art gesund zu machen, und für einen Giftmischer, um ihn sicher zu töten, sind in so fern von gleichem Wert, als eine jede dazu dient, ihre Absicht vollkommen zu bewirken. Weil man in der frühen Jugend nicht weiß, welche Zwecke uns im Leben aufstoßen dürften, so suchen Eltern vornehmlich ihre Kinder recht vielerlei lernen zu lassen und sorgen für die Geschicklichkeit im Gebrauch der Mittel zu allerlei beliebigen Zwecken, von deren keinem sie bestimmen können, ob er etwa wirklich künftig eine Absicht ihres Zöglings werden könne, wovon es indessen doch möglich ist, dass er sie einmal haben möchte, und diese Sorgfalt ist so groß, dass sie darüber gemeiniglich verabsäumen, ihnen das Urteil über den Wert der Dinge, die sie sich etwa zu Zwecken machen möchten, zu bilden und zu berichtigen.

Es ist gleichwohl ein Zweck, den man bei allen vernünftigen Wesen (so fern Imperative auf sie, nämlich als abhängige Wesen, passen) als wirklich voraussetzen kann, und also eine Absicht, die sie nicht etwa bloß haben können, sondern von der man sicher voraussetzen kann, dass sie solche insgesamt nach einer Naturnotwendigkeit haben, und das ist die Absicht auf Glückseligkeit. Der hypothetische Imperativ, der die praktische Notwendigkeit der Handlung als Mittel zur Beförderung der Glückseligkeit vorstellt, ist assertorisch. Man darf ihn nicht bloß als notwendig zu einer ungewissen, bloß möglichen Absicht vortragen, sondern zu einer Absicht, die man sicher und a priori bei jedem Menschen voraussetzen kann, weil sie zu seinem Wesen gehört. Nun kann man die Geschicklichkeit in der Wahl der Mittel zu seinem eigenen größten Wohlsein Klugheit im engsten Verstande nennen. Also ist der Imperativ, der sich auf die Wahl der Mittel zur eigenen Glückseligkeit bezieht, d. i. die Vorschrift der Klugheit, noch immer hypothetisch; die Handlung wird nicht schlechthin, sondern nur als Mittel zu einer andern Absicht geboten.

Endlich gibt es einen Imperativ, der, ohne irgend eine andere durch ein gewisses Verhalten zu erreichende Absicht als Bedingung zum Grunde zu legen, dieses Verhalten unmittelbar gebietet. Dieser Imperativ ist kategorisch. Er betrifft nicht die Materie der Handlung und das, was aus ihr erfolgen soll, sondern die Form und das Prinzip, woraus sie selbst folgt, und das Wesentlich-Gute derselben besteht in der Gesinnung, der Erfolg mag sein, welcher er wolle. Dieser Imperativ mag der der Sittlichkeit heißen.

Das Wollen nach diesen dreierlei Prinzipien wird auch durch die Ungleichheit der Nötigung des Willens deutlich unterschieden. Um diese nun auch merklich zu machen, glaube ich, dass man sie in ihrer Ordnung am angemessensten so benennen würde, wenn man sagte: sie wären entweder Regeln der Geschicklichkeit, oder Rathschläge der Klugheit, oder Gebote (Gesetze) der Sittlichkeit. Denn nur das Gesetz führt den Begriff einer unbedingten und zwar Objektiven und mithin allgemein gültigen Notwendigkeit bei sich, und Gebote sind Gesetze, denen gehorcht, d. i. auch wider Neigung Folge geleistet, werden muss. Die Rathgebung enthält zwar Notwendigkeit, die aber bloß unter subjektiver zufälliger Bedingung, ob dieser oder jener Mensch dieses oder jenes zu seiner Glückseligkeit zähle, gelten kann: dagegen der kategorische

Imperativ durch keine Bedingung eingeschränkt wird und als absolut, obgleich praktisch-notwendig ganz eigentlich ein Gebot heißen kann. Man könnte die ersteren Imperative auch technisch (zur Kunst gehörig), die zweiten pragmatisch, (zur Wohlfahrt), die dritten moralisch (zum freien Verhalten überhaupt, d. i. zu den Sitten gehörig) nennen.

Nun entsteht die Frage: wie sind alle diese Imperative möglich? Diese Frage verlangt nicht zu wissen, wie die Vollziehung der Handlung, welche der Imperativ gebietet, sondern wie bloß die Nötigung des Willens, die der Imperativ in der Aufgabe ausdrückt, gedacht werden könne. Wie ein Imperativ der Geschicklichkeit möglich sei, bedarf wohl keiner besondern Erörterung. Wer den Zweck will, will (so fern die Vernunft auf seine Handlungen entscheidenden Einfluss hat) auch das dazu unentbehrlich notwendige Mittel, das in seiner Gewalt ist. Dieser Satz ist, was das Wollen betrifft, analytisch; denn in dem Wollen eines Objekts als meiner Wirkung wird schon meine Kausalität als handelnde Ursache, d. i. der Gebrauch der Mittel, gedacht, und der Imperativ zieht den Begriff notwendiger Handlungen zu diesem Zwecke schon aus dem Begriff eines Wollens dieses Zwecks heraus (die Mittel selbst zu einer vorgesetzten Absicht zu bestimmen, dazu gehören allerdings synthetische Sätze, die aber nicht den Grund betreffen, den Aktus des Willens, sondern das Objekt wirklich zu machen). Dass, um eine Linie nach einem sichern Prinzip in zwei gleiche Teile zu Teilen, ich aus den Enden derselben zwei

Kreuzbogen machen müsse, das lehrt die Mathematik freilich nur durch synthetische Sätze; aber dass, wenn ich weiß, durch solche Handlung allein könne die gedachte Wirkung geschehen, ich, wenn ich die Wirkung vollständig will, auch die Handlung wolle, die dazu erforderlich ist, ist ein analytischer Satz; denn etwas als eine auf gewisse Art durch mich mögliche Wirkung und mich in Ansehung ihrer auf dieselbe Art handelnd vorstellen, ist ganz einerlei.

Die Imperativen, der Klugheit würden, wenn es nur so leicht wäre, einen bestimmten Begriff von Glückseligkeit zu geben, mit denen der Geschicklichkeit ganz und gar übereinkommen und eben sowohl analytisch sein. Denn es würde eben sowohl hier als dort heißen: wer den Zweck will, will auch (der Vernunft gemäß notwendig) die einzigen Mittel, die dazu in seiner Gewalt sind. Allein es ist ein Unglück, dass der Begriff der Glückseligkeit ein so unbestimmter Begriff ist, dass, obgleich jeder Mensch zu dieser zu gelangen wünscht, er doch niemals bestimmt und mit sich selbst einstimmig sagen kann, was er eigentlich wünsche und wolle. Die Ursache davon ist: dass alle Elemente, die zum Begriff der Glückseligkeit gehören, insgesamt empirisch sind, d. i. aus der Erfahrung müssen entlehnt werden, dass gleichwohl zur Idee der Glückseligkeit ein absolutes Ganze, ein Maximum des Wohlbefindens, in meinem gegenwärtigen und jedem zukünftigen Zustande erforderlich ist. Nun ists unmöglich, dass das einsehendste und zugleich allervermögendste, aber doch endliche Wesen sich einen bestimmten Begriff von dem mache, was er hier eigentlich wolle. Will er Reichtum, wie viel Sorge, Neid und Nachstellung könnte er sich dadurch nicht auf den Hals ziehen! Will er viel Erkenntnis und Einsicht, vielleicht könnte das ein nur um desto schärferes Auge werden, um die Übel, die sich für ihn jetzt noch verbergen und doch nicht vermieden werden können, ihm nur um desto schrecklicher zu zeigen, oder seinen Begierden, die ihm schon genug zu schaffen machen, noch mehr Bedürfnisse aufzubürden. Will er ein langes Leben, wer steht ihm dafür, dass es nicht ein langes Elend sein würde? Will er wenigstens Gesundheit, wie oft hat noch Ungemächlichkeit des Körpers von Ausschweifung abgehalten, darein unbeschränkte Gesundheit würde haben fallen lassen, u. s. w. Kurz, er ist nicht vermögend, nach irgend einem Grundsatze mit völliger Gewissheit zu bestimmen, was ihn wahrhaftig glücklich machen werde, darum weil hiezu Unwissenheit erforderlich sein würde. Man kann also nicht nach bestimmten Prinzipien handeln, um glücklich zu sein, sondern nur nach empirischen Rathschlägen, z. B. der Diät, der Sparsamkeit, der Höflichkeit, der Zurückhaltung u. s. w., von welchen die Erfahrung lehrt, dass sie das Wohlbefinden im Durchschnitt am meisten befördern. Hieraus folgt, dass die Imperativen der Klugheit, genau zu reden, gar nicht gebieten, d. i. Handlungen Objektiv als praktisch-notwendig darstellen, können, dass sie eher für Anratungen (consilia) als Gebote (praecepta) der Vernunft zu halten sind, dass die Aufgabe: sicher und allgemein zu bestimmen, welche Handlung die Glückseligkeit eines vernünftigen Wesens befördern werde, völlig unauflöslich, mithin kein Imperativ in Ansehung derselben möglich sei, der im strengen Verstande geböte, das zu tun, was glücklich macht, weil Glückseligkeit nicht ein Ideal der Vernunft, sondern der Einbildungskraft ist, was bloß auf empirischen Gründen beruht, von denen man vergeblich erwartet, dass sie eine Handlung bestimmen sollten, dadurch die Totalität einer in der Tat unendlichen Reihe von Folgen erreicht würde. Dieser Imperativ der Klugheit würde indessen, wenn man annimmt, die Mittel zur Glückseligkeit ließen sich sicher angeben, ein analytisch-praktischer Satz sein; denn er ist von dem Imperativ der Geschicklichkeit nur darin unterschieden, dass bei diesem der Zweck bloß möglich, bei jenem aber gegeben ist; da beide aber bloß die Mittel zu demjenigen gebieten, von dem man voraussetzt, dass man es als Zweck wollte: so ist der Imperativ, der das Wollen der Mittel für den, der den Zweck will, gebietet, in beiden Fällen analytisch. Es ist also in Ansehung der Möglichkeit eines solchen Imperativs auch keine Schwierigkeit.

Dagegen, wie der Imperativ der Sittlichkeit möglich sei, ist ohne Zweifel die einzige einer Auflösung bedürftige Frage, da er gar nicht hypothetisch ist und also die Objektiv-vorgestellte Notwendigkeit sich auf keine Voraussetzung stützen kann, wie bei den hypothetischen Imperativen. Nur ist immer hierbei nicht aus der Acht zu lassen, dass es durch kein

Beispiel, mithin empirisch, auszumachen sei, ob es überall irgend einen dergleichen Imperativ gebe, sondern zu besorgen, dass alle, die kategorisch scheinen, doch versteckter Weise hypothetisch sein mögen. Z. B. wenn es heißt: du sollst nichts betrüglich versprechen, und man nimmt an, dass die Notwendigkeit dieser Unterlassung nicht etwa bloße Rathgebung zu Vermeidung irgend eines andern Übels sei, so dass es etwa hieße: du sollst nicht lügenhaft versprechen, damit du nicht, wenn es offenbar wird, dich um den Credit bringest; sondern eine Handlung dieser Art müsse für sich selbst als böse betrachtet werden, der Imperativ des Verbots sei also kategorisch: so kann man doch in keinem Beispiel mit Gewissheit dartun, dass der Wille hier ohne andere Triebfeder, bloß durchs Gesetz, bestimmt werde, ob es gleich so scheint; denn es ist immer möglich, dass insgeheim Furcht vor Beschämung, vielleicht auch dunkle Besorgnis anderer Gefahren Einfluss auf den Willen haben möge. Wer kann das Nichtsein einer Ursache durch Erfahrung beweisen, da diese nichts weiter lehrt, als dass wir jene nicht wahrnehmen? Auf solchen Fall aber würde der sogenannte moralische Imperativ, der als ein solcher kategorisch und unbedingt erscheint, in der Tat nur eine pragmatische Vorschrift sein, die uns auf unsern Vorteil aufmerksam macht und uns bloß lehrt, diesen in Acht zu nehmen.

Wir werden also die Möglichkeit eines kategorischen Imperativs gänzlich a priori zu untersuchen haben, da uns hier der Vorteil nicht zu statten kommt, dass die Wirklichkeit desselben in der Erfahrung gegeben und also die Möglichkeit nicht zur Festsetzung, sondern bloß zur Erklärung nötig wäre. So viel ist indessen vorläufig einzusehen: dass der kategorische Imperativ allein als ein praktisches Gesetz laute, die übrigen insgesamt zwar Prinzipien des Willens, aber nicht Gesetze heißen können: weil, was bloß zur Erreichung einer beliebigen Absicht zu tun notwendig ist, an sich als zufällig betrachtet werden kann und wir von der Vorschrift jederzeit los sein können, wenn wir die Absicht aufgeben, dahingegen das unbedingte Gebot dem Willen kein Belieben in Ansehung des Gegenteils frei lässt, mithin allein diejenige Notwendigkeit bei sich führt, welche wir zum Gesetze verlangen.

Zweitens ist bei diesem kategorischen Imperativ oder Gesetze der Sittlichkeit der Grund der Schwierigkeit (die Möglichkeit desselben einzusehen) auch sehr groß. Er ist ein synthetisch-praktischer Satz) a priori, und da die Möglichkeit der Sätze dieser Art einzusehen so viel Schwierigkeit im theoretischen Erkenntnisse hat, so lässt sich leicht abnehmen, dass sie im praktischen nicht weniger haben werde.

Bei dieser Aufgabe wollen wir zuerst versuchen, ob nicht vielleicht der bloße Begriff eines kategorischen Imperativs auch die Formel desselben an die Hand gebe, die den Satz enthält, der allein ein kategorischer Imperativ sein kann; denn wie ein solches absolutes Gebot möglich sei, wenn wir auch gleich wissen, wie es lautet, wird noch besondere und schwere Bemühung erfordern, die wir aber zum letzten Abschnitte aussetzen.

Wenn ich mir einen hypothetischen Imperativ überhaupt denke, so weiß ich nicht zum voraus, was er enthalten werde: bis mir die Bedingung gegeben ist. Denke ich mir aber einen kategorischen Imperativ, so weiß ich sofort, was er enthalte. Denn da der Imperativ außer dem Gesetze nur die Notwendigkeit der Maxime enthält, diesem Gesetze gemäß zu sein, das Gesetz aber keine Bedingung enthält, auf die es eingeschränkt war, so bleibt nichts als die Allgemeinheit eines Gesetztes überhaupt übrig, welchem die Maxime der Handlung gemäß sein soll, und welche Gemäßheit allein der Imperativ eigentlich als notwendig vorstellt.

Der kategorische Imperativ ist also nur ein einziger und zwar dieser: handle nur nach derjenigen Maxime, durch die du zugleich wollen kannst, dass sie ein allgemeines Gesetz werde.

Wenn nun aus diesem einigen Imperativ alle Imperativen der Pflicht als aus ihrem Prinzip abgeleitet werden können, so werden wir, ob wir es gleich unausgemacht lassen, ob nicht überhaupt das, was man Pflicht nennt, ein leerer Begriff sei, doch wenigstens anzeigen können, was wir dadurch denken und was dieser Begriff sagen wolle.

Weil die Allgemeinheit des Gesetzes, wonach Wirkungen geschehen, dasjenige ausmacht, was eigentlich Natur im allgemeinsten Verstande (der Form nach), d. i. das Dasein der Dinge, heißt, so fern es nach allgemeinen Gesetzen bestimmt ist, so könnte der allgemeine Imperativ der Pflicht auch so lauten: handle so, als ob die Maxime deiner Handlung durch deinen Willen zum allgemeinen Naturgesetze werden sollte.

Nun wollen wir einige Pflichten herzählen nach der gewöhnlichen Einteilung derselben in Pflichten gegen uns selbst und gegen andere Menschen, in vollkommene und unvollkommene Pflichten.

1) Einer, der durch eine Reihe von Übeln, die bis zur Hoffnungslosigkeit angewachsen ist, einen Überdruss am Leben empfindet, ist noch so weit im Besitze seiner Vernunft, dass er sich selbst fragen kann, ob es auch nicht etwa der Pflicht gegen sich selbst zuwider sei, sich das Leben zu nehmen. Nun versucht er: ob die Maxime seiner Handlung wohl ein allgemeines Naturgesetz werden könne. Seine Maxime aber ist: ich mache es mir aus Selbstliebe zum Prinzip, wenn das Leben bei seiner längern Frist mehr Übel droht, als es Annehmlichkeit verspricht, es mir abzukürzen. Es frägt sich nur noch, ob dieses Prinzip der Selbstliebe ein allgemeines Naturgesetz werden könne. Da sieht man aber bald, dass eine Natur, deren Gesetz es wäre, durch dieselbe Empfindung, deren Bestimmung es ist, zur Beförderung des Lebens anzutreiben, das Leben selbst zu zerstören, ihr selbst widersprechen und also nicht als Natur bestehen würde, mithin jene Maxime unmöglich als allgemeines Naturgesetz stattfinden könne und folglich dem obersten Prinzip aller Pflicht gänzlich widerstreite.

2) Ein anderer sieht sich durch Not gedrungen, Geld zu borgen. Er weiß wohl, dass er nicht wird bezahlen können, sieht aber auch, dass ihm nichts geliehen werden wird, wenn er nicht festiglicht verspricht, es zu einer bestimmten Zeit zu bezahlen. Er hat Lust, ein solches Versprechen zu tun; noch aber hat er so viel Gewissen, sich zu fragen: ist es nicht unerlaubt und pflichtwidrig, sich auf solche Art aus Not zu helfen? Gesetzt, er beschlösse es doch, so würde seine Maxime der Handlung so lauten: wenn ich mich in Geldnot zu sein glaube, so will ich Geld borgen und versprechen es zu bezahlen, ob ich gleich weiß, es werde niemals geschehen. Nun ist dieses Prinzip der Selbstliebe oder der eigenen Zuträglichkeit mit meinem ganzen künftigen Wohlbefinden vielleicht wohl zu vereinigen, allein jetzt ist die Frage: ob es recht sei. Ich verwandle also die Zumutung der Selbstliebe in ein allgemeines Gesetz und richte die Frage so ein: wie es dann stehen würde, wenn meine Maxime ein allgemeines Gesetz würde. Da sehe ich nun sogleich, dass sie niemals als allgemeines Naturgesetz gelten und mit sich selbst zusammenstimmen könne, sondern sich notwendig widersprechen müsse. Denn die Allgemeinheit eines Gesetzes, dass jeder, nachdem er in Not zu sein glaubt, versprechen könne, was ihm einfällt, mit dem Vorsatz, es nicht zu halten, würde das Versprechen und den Zweck, den man damit haben mag, selbst unmöglich machen, indem niemand glauben würde, dass ihm was versprochen sei, sondern über alle solche Äußerung als eitles Vorgeben lachen würde.

3) Ein dritter findet in sich ein Talent, welches vermittelst einiger Kultur ihn zu einem in allerlei Absicht brauchbaren Menschen machen könnte. Er sieht sich aber in bequemen Umständen und zieht vor, lieber dem Vergnügen nachzuhängen, als sich mit Erweiterung und Verbesserung seiner glücklichen Naturanlagen zu bemühen. Noch frägt er aber: ob außer der Übereinstimmung, die seine Maxime der Verwahrlosung seiner Naturgaben mit seinem Hange zur Ergötzlichkeit an sich hat, sie auch mit dem, was man Pflicht nennt, übereinstimme. Da sieht er nun, dass zwar eine Natur nach einem solchen allgemeinen Gesetze immer noch bestehen könne, obgleich der Mensch (so wie die Südsee-Einwohner) sein Talent rosten ließe und sein Leben bloß auf Müßiggang, Ergötzlichkeit, Fortpflanzung, mit einem Wort auf Genuss zu verwenden bedacht wäre; allein er kann unmöglich wollen, dass dieses ein allgemeines Naturgesetz werde, oder als ein solches in uns durch Naturinstinkt gelegt sei. Denn als ein vernünftiges Wesen will er notwendig, dass alle Vermögen in ihm entwickelt werden, weil sie ihm doch zu allerlei möglichen Absichten dienlich und gegeben sind.

Noch denkt ein vierter, dem es wohl geht, indessen er sieht, dass andere mit großen Mühseligkeiten zu kämpfen haben (denen er auch wohl helfen könnte): was geht's mich an? mag doch ein jeder so glücklich sein, als es der Himmel will oder er sich selbst machen kann, ich werde ihm nichts entziehen, ja nicht einmal beneiden; nur zu seinem Wohlbefinden oder seinem Beistande in der Not habe ich nicht Lust etwas beizutragen! Nun könnte allerdings, wenn eine solche Denkungsart ein allgemeines Naturgesetz würde, das menschliche Geschlecht gar wohl bestehen und ohne Zweifel noch besser, als wenn jedermann von Teilnehmung und Wohlwollen schwatzt, auch sich beeifert, gelegentlich dergleichen auszuüben, dagegen aber auch, wo er nur kann, betrügt, das Recht der Menschen verkauft, oder ihm sonst Abbruch tut. Aber obgleich es möglich ist, dass nach jener Maxime ein allgemeines Naturgesetz wohl bestehen könnte: so ist es doch unmöglich, zu wollen, dass ein solches Prinzip als Naturgesetz allenthalben gelte. Denn ein Wille, der dieses beschlösse, würde sich selbst widerstreiten, indem der Fälle sich doch manche ereignen können, wo er anderer Liebe und Teilnehmung bedarf, und wo er durch ein solches aus seinem eigenen Willen entsprungenes Naturgesetz sich selbst alle Hoffnung des Beistandes, den er sich wünscht, rauben würde.

Dieses sind nun einige von den vielen wirklichen oder wenigstens von uns dafür gehaltenen Pflichten, deren Abteilung aus dem einigen angeführten Prinzip klar in die Augen fällt. Man muss wollen können, dass eine Maxime unserer Handlung ein allgemeines Gesetz werde: dies ist der Kanon der moralischen Beurteilung derselben überhaupt. Einige Handlungen sind so beschaffen, dass ihre Maxime ohne Widerspruch nicht einmal als allgemeines Naturgesetz gedacht werden kann; weit gefehlt, dass man noch wollen könne, es sollte ein solches werden. Bei andern ist zwar jene innere Unmöglichkeit nicht anzutreffen, aber es ist doch unmöglich, zu wollen, dass ihre Maxime zur Allgemeinheit eines Naturgesetzes erhoben werde, weil ein solcher Wille sich selbst widersprechen würde. Man sieht leicht: dass die erstere der strengen oder engeren (unnachlässlichen) Pflicht, die zweite nur der weiteren (verdienstlichen) Pflicht widerstreite, und so alle Pflichten, was die Art der Verbindlichkeit (nicht das Objekt ihrer Handlung) betrifft, durch diese Beispiele in ihrer Abhängigkeit von dem einigen Prinzip vollständig aufgestellt worden.

Wenn wir nun auf uns selbst bei jeder Übertretung einer Pflicht Acht haben, so finden wir, dass wir wirklich nicht wollen, es solle unsere Maxime ein allgemeines Gesetz werden, denn das ist uns unmöglich, sondern das Gegenteil derselben soll vielmehr allgemein ein Gesetz bleiben; nur nehmen wir uns die Freiheit, für uns oder (auch nur für diesesmal) zum Vorteil unserer Neigung davon eine Ausnahme zu machen. Folglich wenn wir alles aus einem und demselben Gesichtspunkte, nämlich der Vernunft, erwögen, so würden wir einen Widerspruch in unserm eigenen Willen antreffen, nämlich dass ein gewisses Prinzip objektiv als allgemeines Gesetz notwendig sei und doch subjektiv nicht allgemein gelten, sondern Ausnahmen verstatten sollte. Da wir aber einmal unsere Handlung aus dem Gesichtspunkte eines ganz der Vernunft gemäßen, dann aber auch eben dieselbe Handlung aus dem Gesichtspunkte eines durch Neigung affizierten Willens betrachten, so ist wirklich hier kein Widerspruch, wohl aber ein Widerstand der Neigung gegen die Vorschrift der Vernunft (antagonismus), wodurch die Allgemeinheit des Prinzips(universalitas) in eine bloße Gemeingültigkeit (generalitas) verwandelt wird, dadurch das praktische Vernunftprinzip mit der Maxime auf dem halben Wege zusammenkommen soll. Ob nun dieses gleich in unserm eigenen unparteiisch angestellten Urteile nicht gerechtfertigt werden kann, so beweiset es doch, dass wir die Gültigkeit des kategorischen Imperativs wirklich anerkennen und uns (mit aller Achtung für denselben) nur einige, wie es uns scheint, unerhebliche und uns abgedrungene Ausnahmen erlauben.

Wir haben so viel also wenigstens dargetan, dass, wenn Pflicht ein Begriff ist, der Bedeutung und wirkliche Gesetzgebung für unsere Handlungen enthalten soll, diese nur in kategorischen Imperativen, keineswegs aber in hypothetischen ausgedrückt werden könne; imgleichen haben wir, welches schon viel ist, den Inhalt des kategorischen Imperativs, der das Prinzip aller Pflicht (wenn es überhaupt dergleichen gäbe) enthalten müsste, deutlich und zu jedem Gebrauche bestimmt dargestellt. Noch sind wir aber nicht so weit, a priori zu beweisen, dass dergleichen Imperativ wirklich stattfinde, dass es ein praktisches Gesetz gebe, welches schlechterdings und ohne alle Triebfedern für sich gebietet, und dass die Befolgung dieses Gesetzes Pflicht sei.

Bei der Absicht, dazu zu gelangen, ist es von der äußersten Wichtigkeit, sich dieses zur Warnung dienen zu lassen, dass man es sich ja nicht in den Sinn kommen lasse, die Realität dieses Prinzips aus der besondern Eigenschaft der menschlichen Natur ableiten zu wollen. Denn Pflicht soll praktisch-unbedingte Notwendigkeit der Handlung sein; sie muss also für alle vernünftige Wesen (auf die nur überall ein Imperativ treffen kann) gelten und allein darum auch für allen menschlichen Willen ein Gesetz sein. Was dagegen aus der besondern Naturanlage der Menschheit, was aus gewissen Gefühlen und Hange, ja sogar wo möglich aus einer besonderen Richtung, die der menschlichen Vernunft eigen wäre und nicht notwendig für den Willen eines jeden vernünftigen Wesens gelten müßte, abgeleitet wird, das kann zwar eine Maxime für uns, aber kein Gesetz abgeben, ein subjektiv Prinzip, nach welchem wir handeln zu dürfen Hang und Neigung haben, aber nicht ein Objektives, nach welchem wir angewiesen waren zu handeln, wenn gleich aller unser Hang, Neigung und Natureinrichtung dawider wäre, sogar, dass es um desto mehr die Erhabenheit und innere Würde des Gebots in einer Pflicht beweiset, je weniger die subjektiven Ursachen dafür, je mehr sie dagegen sind, ohne doch deswegen die Nötigung durchs Gesetz nur im mindesten zu schwächen und seiner Gültigkeit etwas zu benehmen.

Hier sehen wir nun die Philosophie in der Tat auf einen misslichen Standpunkt gestellt, der fest sein soll, unerachtet er weder im Himmel, noch auf der Erde an etwas gehängt oder woran gestützt wird. Hier soll sie ihre Lauterkeit beweisen als Selbsthalterin ihrer Gesetze, nicht als Herold derjenigen, welche ihr ein eingepflanzter Sinn, oder wer weiß welche vormundschaftliche Natur einflüstert, die insgesamt, sie mögen immer besser sein als gar nichts, doch niemals Grundsätze abgeben können, die die Vernunft diktiert, und die durchaus völlig a priori ihren Quell und hiermit zugleich ihr gebietendes Ansehen haben müssen: nichts von der Neigung des Menschen, sondern alles von der Obergewalt des Gesetzes und der schuldigen Achtung für dasselbe zu erwarten, oder den Menschen widrigenfalls zur Selbstverachtung und innern Abscheu zu verurteilen.

Alles also, was empirisch ist, ist als Zutat zum Prinzip der Sittlichkeit nicht allein dazu ganz untauglich, sondern der Lauterkeit der Sitten selbst höchst nachteilig, an welchen der eigentliche und über allen Preis erhabene Wert eines schlechterdings guten Willens eben darin besteht, dass das Prinzip der Handlung von allen Einflüssen zufälliger Gründe, die nur Erfahrung an die Hand geben kann, frei sei. Wider diese Nachlässigkeit oder gar niedrige Denkungsart in Aufsuchung des Prinzips unter empirischen Bewegursachen und Gesetzen kann man auch nicht zu viel und zu oft Warnungen ergehen lassen, indem die menschliche

Vernunft in ihrer Ermüdung gern auf diesem Polster ausruht und in dem Traume süßer Vorspiegelungen (die sie doch statt der Juno eine Wolke umarmen lassen) der Sittlichkeit einen aus Gliedern ganz verschiedener Abstammung zusammengeflickten Bastard unterschiebt, der allem ähnlich sieht, was man daran sehen will, nur der Tugend nicht für den, der sie einmal in ihrer wahren Gestalt erblickt hat.

Die Frage ist also diese: ist es ein notwendiges Gesetz für alle vernünftige Wesen, ihre Handlungen jederzeit nach solchen Maximen zu beurteilen, von denen sie selbst wollen können, dass sie zu allgemeinen Gesetzen dienen sollen? Wenn es ein solches ist, so muss es (völlig a priori) schon mit dem Begriffe des Willens eines vernünftigen Wesens überhaupt verbunden sein. Um aber diese Verknüpfung zu entdecken, muss man, so sehr man sich auch sträubt, einen Schritt hinaus tun, nämlich zur Metaphysik, obgleich in ein Gebiet derselben, welches von dem der spekulativen Philosophie unterschieden ist, nämlich in die Metaphysik der Sitten. In einer praktischen Philosophie, wo es uns nicht darum zu tun ist, Gründe anzunehmen von dem, was geschieht, sondern Gesetze von dem, was geschehen soll, ob es gleich niemals geschieht, d. i. Objektiv-praktische Gesetze: da haben wir nicht nötig, über die Gründe Untersuchung anzustellen, warum etwas gefällt oder missfällt, wie das Vergnügen der bloßen Empfindung vom Geschmacke, und ob dieser von einem allgemeinen Wohlgefallen der Vernunft unterschieden sei; worauf

Gefühl der Lust und Unlust beruhe, und wie hieraus Begierden und Neigungen, aus diesen aber durch Mitwirkung der Vernunft Maximen entspringen; denn das gehört alles zu einer empirischen Seelenlehre, welche den zweiten Teil der Naturlehre ausmachen würde, wenn man sie als Philosophie der Natur betrachtet, so fern sie auf empirischen Gesetzen gegründet ist. Hier aber ist vom Objektiv-praktischen Gesetze die Rede, mithin von dem Verhältnisse eines Willens zu sich selbst, so fern er sich bloß durch Vernunft bestimmt, da denn alles, was aufs Empirische Beziehung hat, von selbst wegfällt: weil, wenn die Vernunft für sich allein das Verhalten bestimmt (wovon wir die Möglichkeit jetzt eben untersuchen wollen), sie dieses notwendig a priori tun muss.

Der Wille wird als ein Vermögen gedacht, der Vorstellung gewisser Gesetze gemäß sich selbst zum Handeln zu bestimmen. Und ein solches Vermögen kann nur in vernünftigen Wesen anzutreffen sein. Nun ist das, was dem Willen zum Objektiven Grunde seiner Selbstbestimmung dient, der Zweck, und dieser, wenn er durch bloße Vernunft gegeben wird, muss für alle vernünftige Wesen gleich gelten. Was dagegen bloß den Grund der Möglichkeit der Handlung enthält, deren Wirkung Zweck ist, heißt das Mittel. Der subjektive Grund des Begehrens ist die Triebfeder, der Objektive des Wollens der Bewegungsgrund; daher der Unterschied zwischen subjektiven Zwecken, die auf Triebfedern beruhen, und Objektiven, die auf Bewegungsgründe ankommen, welche für jedes vernünftige Wesen gelten. Praktische Prinzipien sind formal, wenn sie von allen subjektiven Zwecken abstrahieren; sie sind aber material, wenn sie diese, mithin gewisse Triebfedern zum Grunde legen. Die Zwecke, die sich ein vernünftiges Wesen als Wirkungen seiner Handlung nach Belieben vorsetzt, (materiale Zwecke) sind insgesamt nur relativ; denn nur bloß ihr Verhältnis auf ein besonders geartetes Begehrungsvermögen des Subjekts gibt ihnen den Wert, der daher keine allgemeine für alle vernünftige Wesen und auch nicht für jedes Wollen gültige und notwendige Prinzipien, d. i. praktische Gesetze, an die Hand geben kann. Daher sind alle diese relative Zwecke nur der Grund von hypothetischen Imperativen.

Gesetzt aber, es gäbe etwas, dessen Dasein an sich selbst einen absoluten Wert hat, was als Zweck an sich selbst ein Grund bestimmter Gesetze sein könnte, so würde in ihm und nur in ihm allein der Grund eines möglichen kategorischen Imperativs, d. i. praktischen Gesetzes, liegen.

Nun sage ich: der Mensch und überhaupt jedes vernünftige Wesen existiert als Zweck an sich selbst, nicht bloß als Mittel zum beliebigen Gebrauche für diesen oder jenen Willen, sondern muss in allen seinen sowohl auf sich selbst, als auch auf andere vernünftige Wesen gerichteten Handlungen jederzeit zugleich als Zweck betrachtet werden. Alle Gegenstände der Neigungen haben nur einen bedingten Wert; denn wenn die Neigungen und darauf gegründete Bedürfnisse nicht wären, so würde ihr Gegenstand ohne Wert sein. Die Neigungen selber als Quellen des Bedürfnisses haben so wenig einen absoluten Wert, um sie selbst zu wünschen, dass vielmehr, gänzlich davon frei zu sein, der allgemeine Wunsch eines jeden vernünftigen Wesens sein muss. Also ist der Wert aller durch unsere Handlung zu erwerbenden Gegenstände jederzeit bedingt. Die Wesen, deren Dasein zwar nicht auf unserm Willen, sondern der Natur beruht, haben dennoch, wenn sie vernunftlose Wesen sind, nur einen relativen Wert, als Mittel, und heißen daher Sachen, dagegen vernünftige Wesen Personen genannt werden, weil ihre Natur sie schon als Zwecke an sich selbst, d. i. als etwas, das nicht bloß als Mittel gebraucht werden darf, auszeichnet, mithin so fern alle Willkür einschränkt (und ein Gegenstand der Achtung ist). Dies sind also nicht bloß subjektive Zwecke, deren Existenz als Wirkung unserer Handlung für uns einen Wert hat; sondern Objektive Zwecke, d. i. Dinge, deren Dasein an sich selbst Zweck ist und zwar ein solcher, an dessen Statt kein anderer Zweck gesetzt werden kann, dem sie bloß als Mittel zu Diensten stehen sollten, weil ohne dieses überall gar nichts von absolutem Werte würde angetroffen werden; wenn aber aller Wert bedingt, mithin zufällig wäre, so könnte für die Vernunft überall kein oberstes praktisches Prinzip angetroffen werden.

Wenn es denn also ein oberstes praktisches Prinzip und in Ansehung des menschlichen Willens einen kategorischen Imperativ geben soll, so muss es ein solches sein, das aus der Vorstellung dessen, was notwendig für jedermann Zweck ist, weil es Zweck an sich selbst ist, ein Objektives Prinzip des Willens ausmacht, mithin zum allgemeinen praktischen Gesetz dienen kann. Der Grund dieses Prinzips ist: die vernünftige Natur existiert als Zweck an sich selbst. So stellt sich notwendig der Mensch sein eigenes Dasein vor; so fern ist es also ein subjektives Prinzip menschlicher Handlungen. So stellt sich aber auch jedes andere vernünftige Wesen sein Dasein zufolge eben desselben Vernunftgrundes, der auch für mich gilt, vor; also ist es zugleich ein Objektives Prinzip, woraus als einem obersten praktischen Grunde alle Gesetze des Willens müssen abgeleitet werden können. Der praktische Imperativ wird also folgender sein: Handle so, dass du die Menschheit sowohl in deiner Person, als in der Person eines jeden andern jederzeit zugleich als Zweck, niemals bloß als Mittel brauchst. Wir wollen sehen, ob sich dieses bewerkstelligen lasse.

Um bei den vorigen Beispielen zu bleiben, so wird erstlich nach dem Begriffe der notwendigen Pflicht gegen sich selbst derjenige, der mit Selbstmorde umgeht, sich fragen, ob seine Handlung mit der Idee der Menschheit als Zwecks an sich selbst zusammen bestehen könne. Wenn er, um einem beschwerlichen Zustande zu entfliehen, sich selbst zerstört, so bedient er sich einer Person bloß als eines Mittels zu Erhaltung eines erträglichen Zustandes bis zu Ende des Lebens. Der Mensch aber ist keine Sache, mithin nicht etwas, das bloß als Mittel gebraucht werden kann, sondern muss bei allen seinen Handlungen jederzeit als Zweck an sich selbst betrachtet werden. Also kann ich über den Menschen in meiner Person nichts disponieren, ihn zu verstümmeln, zu verderben, oder zu töten. (Die nähere Bestimmung dieses Grundsatzes zur Vermeidung alles Missverstandes, z. B. der Amputation der Glieder, um mich zu erhalten, der Gefahr, der ich mein Leben aussetze, um mein Leben zu erhalten etc., muss ich hier vorbeigehen; sie gehört zur eigentlichen Moral.)

Zweitens, was die notwendige oder schuldige Pflicht gegen andere betrifft, so wird der, so ein lügenhaftes Versprechen gegen andere zu tun im Sinne hat, sofort einsehen, dass er sich eines andern Menschen bloß als Mittels bedienen will, ohne dass dieser zugleich den Zweck in sich enthalte. Denn der, den ich durch ein solches Versprechen zu meinen Absichten brauchen will, kann unmöglich in meine Art, gegen ihn zu verfahren, einstimmen und also selbst den Zweck dieser Handlung enthalten. Deutlicher fällt dieser Widerstreit gegen das Prinzip anderer Menschen in die Augen, wenn man Beispiele von Angriffe auf Freiheit und Eigentum anderer herbeizieht. Denn da leuchtet klar ein, dass der Übertreter der Rechte der Menschen, sich der Person anderer bloß als Mittel zu bedienen, gesonnen sei, ohne in Betracht zu ziehen, dass sie als vernünftige Wesen jederzeit zugleich als Zwecke, d. i. nur als solche, die von eben derselben Handlung auch in sich den Zweck müssen enthalten können, geschätzt werden sollen.

Drittens, in Ansehung der zufälligen (verdienstlichen) Pflicht gegen sich selbst ist's nicht genug, dass die Handlung nicht der Menschheit in unserer Person als Zweck an sich selbst widerstreite, sie muss auch dazu zusammenstimmen. Nun sind in der Menschheit Anlagen zu größerer Vollkommenheit, die zum Zwecke der Natur in Ansehung der Menschheit in unserem Subjekt gehören; diese zu vernachlässigen, würde allenfalls wohl mit der Erhaltung der Menschheit als Zwecks an sich selbst, aber nicht der Beförderung dieses Zwecks bestehen können.

Viertens, in Betreff der verdienstlichen Pflicht gegen andere ist der Naturzweck, den alle Menschen haben, ihre eigene Glückseligkeit. Nun würde zwar die Menschheit bestehen können, wenn niemand zu des andern Glückseligkeit was beitrüge, dabei aber ihr nichts vorsätzlich entzöge; allein es ist dieses doch nur eine negative und nicht positive Übereinstimmung zur Menschheit als Zweck an sich selbst, wenn jedermann auch nicht die Zwecke anderer, so viel an ihm ist, zu befördern trachtete. Denn das Subjekt, welches Zweck an sich selbst ist, dessen Zwecke müssen, wenn jene Vorstellung bei mir alle Wirkung tun soll, auch, so viel möglich, meine Zwecke sein.

Dieses Prinzip der Menschheit und jeder vernünftigen Natur überhaupt, als Zwecks an sich selbst, (welche die oberste einschränkende Bedingung der Freiheit der Handlungen eines jeden Menschen ist) ist nicht aus der Erfahrung entlehnt: erstlich wegen seiner Allgemeinheit, da es auf alle vernünftige Wesen überhaupt geht, worüber etwas zu bestimmen keine Erfahrung zureicht; zweitens weil darin die Menschheit nicht als Zweck der Menschen (subjektiv), d. i. als Gegenstand, den man sich von selbst wirklich zum Zwecke macht, sondern als Objektiver Zweck, der, wir mögen Zwecke haben, welche wir wollen, als Gesetz die oberste einschränkende Bedingung aller subjektiven Zwecke ausmachen soll, vorgestellt wird, mithin es aus reiner Vernunft entspringen muss. Es liegt nämlich der Grund aller praktischen Gesetzgebung Objektiv in der Regel und der Form der Allgemeinheit, die sie ein Gesetz (allenfalls Naturgesetz) zu sein fähig macht (nach dem ersten Prinzip), subjektiv aber im Zwecke; das Subjekt aller Zwecke aber ist jedes vernünftige Wesen, als Zweck an sich selbst (nach dem zweiten Prinzip): hieraus folgt nun das dritte praktische Prinzip des Willens, als oberste Bedingung der Zusammenstimmung desselben mit der allgemeinen praktischen Vernunft, die Idee des Willens jedes vernünftigen Wesens als eines allgemein gesetzgebenden Willens.

Alle Maximen werden nach diesem Prinzip verworfen, die mit der eigenen allgemeinen Gesetzgebung des Willens nicht zusammen bestehen können. Der Wille wird also nicht lediglich dem Gesetze unterworfen, sondern so unterworfen, dass er auch als selbstgesetzgebend und eben um deswillen allererst dem Gesetze (davon er selbst sich als Urheber betrachten kann) unterworfen angesehen werden muss.

Die Imperativen nach der vorigen Vorstellungsart, nämlich der allgemein einer Naturordnung ähnlichen Gesetzmäßigkeit der Handlungen, oder des allgemeinen Zwecksvorzuges vernünftiger Wesen an sich selbst, schlossen zwar von ihrem gebietenden Ansehen alle Beimischung irgend eines Interesse als Triebfeder aus, eben dadurch dass sie als kategorisch vorgestellt wurden; sie wurden aber nur als kategorisch angenommen, weil man dergleichen annehmen musste, wenn man den Begriff von Pflicht erklären wollte. Dass es aber praktische Sätze gäbe, die kategorisch geböten, könnte für sich nicht bewiesen werden, so wenig wie es überhaupt in diesem Abschnitte auch hier noch nicht geschehen kann; allein eines hätte doch geschehen können, nämlich: dass die Lossagung von allem Interesse beim Wollen aus Pflicht, als das spezifische Unterscheidungszeichen des kategorischen vom hypothetischen Imperativ, in dem Imperativ selbst durch irgend eine Bestimmung, die er enthielte, mit angedeutet würde, und dieses geschieht in gegenwärtiger dritten Formel des Prinzips, nämlich der Idee des Willens eines jeden vernünftigen Wesens als eines allgemein gesetzgebenden Willens.

Denn wenn wir einen solchen denken, so kann, obgleich ein Wille, der unter Gesetzen steht, noch vermittelst eines Interesse an dieses Gesetz gebunden sein mag, dennoch ein Wille, der selbst zu oberst gesetzgebend ist, unmöglich so fern von irgend einem Interesse abhängen; denn ein solcher abhängender Wille würde selbst noch eines andern Gesetzes bedürfen, welches das Interesse seiner Selbstliebe auf die Bedingung einer Gültigkeit zum allgemeinen Gesetz einschränkte.

Also würde das Prinzip eines jeden menschlichen Willens, als eines durch alle seine Maximen allgemein gesetzgebenden Willens, wenn es sonst mit ihm nur seine Richtigkeit hätte, sich zum kategorischen Imperativ darin gar wohl schicken, dass es eben um der Idee der allgemeinen Gesetzgebung willen sich auf kein Interesse gründet und also unter allen möglichen Imperativen allein unbedingt sein kann; oder noch besser, indem wir den Satz umkehren: wenn es einen kategorischen Imperativ gibt (d. i. ein Gesetz für jeden Willen eines vernünftigen Wesens), so kann er nur gebieten, alles aus der Maxime seines Willens als eines solchen zu tun, der zugleich sich selbst als allgemein gesetzgebend zum Gegenstande haben könnte; denn alsdann nur ist das praktische Prinzip und der Imperativ, dem er gehorcht, unbedingt, weil er gar kein Interesse zum Grunde haben kann.

Es ist nun kein Wunder, wenn wir auf alle bisherige Bemühungen, die jemals unternommen worden, um das Prinzip der Sittlichkeit ausfindig zu machen, zurücksehen, warum sie insgesamt haben fehlschlagen müssen. Man sah den Menschen durch seine Pflicht an Gesetze gebunden, man ließ es sich aber nicht einfallen, dass er nur seiner eigenen und dennoch allgemeinen Gesetzgebung unterworfen sei, und dass er nur verbunden sei, seinem eigenen, dem Naturzwecke nach aber allgemein gesetzgebenden Willen gemäß zu handeln. Denn wenn man sich ihn nur als einem Gesetz (welches es auch sei) unterworfen dachte: so musste dieses irgend ein Interesse als Reiz oder Zwang bei sich führen, weil es nicht als Gesetz aus seinem Willen entsprang, sondern dieser gesetzmäßig von etwas anderem genötigt wurde, auf gewisse Weise zu handeln. Durch diese ganz notwendige Folgerung aber war alle Arbeit, einen obersten Grund der Pflicht zu finden, unwiederbringlich verloren. Denn man bekam niemals Pflicht, sondern Notwendigkeit der Handlung aus einem gewissen Interesse heraus. Dieses mochte nun ein eigenes oder fremdes Interesse sein. Aber alsdann musste der Imperativ jederzeit bedingt ausfallen und konnte zum moralischen Gebote gar nicht taugen. Ich will also diesen Grundsatz das Prinzip der Autonomie des Willens im Gegensatz mit jedem andern, das ich deshalb zur Heteronomie zähle, nennen.

Der Begriff eines jeden vernünftigen Wesens, das sich durch alle Maximen seines Willens als allgemein gesetzgebend betrachten muss, um aus diesem Gesichtspunkte sich selbst und seine Handlungen zu beurteilen, führt auf einen ihm anhängenden sehr fruchtbaren Begriff, nämlich den eines Reichs der Zwecke.

Ich verstehe aber unter einem Reiche die systematische Verbindung verschiedener vernünftiger Wesen durch gemeinschaftliche Gesetze. Weil nun Gesetze die Zwecke ihrer allgemeinen Gültigkeit nach bestimmen, so wird, wenn man von dem persönlichen Unterschiede vernünftiger Wesen, imgleichen allem Inhalte ihrer Privatzwecke abstrahiert, ein Ganzes aller Zwecke (sowohl der vernünftigen Wesen als Zwecke an sich, als auch der eigenen Zwecke, die ein jedes sich selbst setzen mag) in systematischer Verknüpfung, d. i. ein Reich der Zwecke, gedacht werden können, welches nach obigen Prinzipien möglich ist.

Denn vernünftige Wesen stehen alle unter dem Gesetz, dass jedes derselben sich selbst und alle andere niemals bloß als Mittel, sondern jederzeit zugleich als Zweck an sich selbst behandeln solle. Hierdurch aber entspringt eine systematische Verbindung vernünftiger Wesen durch gemeinschaftliche Objektive Gesetze, d. i. ein Reich, welches, weil diese Gesetze eben die Beziehung dieser Wesen auf einander als Zwecke und Mittel zur Absicht haben, ein Reich der Zwecke (freilich nur ein Ideal) heißen kann.

Es gehört aber ein vernünftiges Wesen als Glied zum Reiche der Zwecke, wenn es darin zwar allgemein gesetzgebend, aber auch diesen Gesetzen selbst unterworfen ist. Es gehört dazu als Oberhaupt, wenn es als gesetzgebend keinem Willen eines andern unterworfen ist.

Das vernünftige Wesen muss sich jederzeit als gesetzgebend in einem durch Freiheit des Willens möglichen Reiche der Zwecke betrachten, es mag nun sein als Glied, oder als Oberhaupt. Den Platz des letztern kann es aber nicht bloß durch die Maxime seines Willens, sondern nur alsdann, wenn es ein völlig unabhängiges Wesen ohne Bedürfnis und Einschränkung seines dem Willen adäquaten Vermögens ist, behaupten.

Moralität besteht also in der Beziehung aller Handlung auf die Gesetzgebung, dadurch allein ein Reich der Zwecke möglich ist. Diese Gesetzgebung muss aber in jedem vernünftigen Wesen selbst angetroffen werden und aus seinem Willen entspringen können, dessen Prinzip also ist: keine Handlung nach einer andern Maxime zu tun, als so, dass es auch mit ihr bestehen könne, dass sie ein allgemeines Gesetz sei, und also nur so, dass der Wille durch seine Maxime sich selbst zugleich als allgemein gesetzgebend betrachten könne. Sind nun die Maximen mit diesem Objektiven Prinzip der vernünftigen Wesen, als allgemein gesetzgebend, nicht durch ihre Natur schon notwendig einstimmig, so heißt die Notwendigkeit der Handlung nach jenem Prinzip praktische Nötigung, d. i. Pflicht. Pflicht kommt nicht dem Oberhaupte im Reiche der Zwecke, wohl aber jedem Gliede und zwar allen in gleichem Maße zu.

Die praktische Notwendigkeit nach diesem Prinzip zu handeln, d. i. die Pflicht, beruht gar nicht auf Gefühlen, Antrieben und Neigungen, sondern bloß auf dem Verhältnisse vernünftiger Wesen zu einander, in welchem der Wille eines vernünftigen Wesens jederzeit zugleich als gesetzgebend betrachtet werden muss, weil es sie sonst nicht als Zweck an sich selbst denken könnte. Die Vernunft bezieht also jede Maxime des Willens als allgemein gesetzgebend auf jeden anderen Willen und auch auf jede Handlung gegen sich selbst und dies zwar nicht um irgend eines andern praktischen Bewegungsgrundes oder künftigen Vorteils willen, sondern aus der Idee der Würde eines vernünftigen Wesens, das keinem Gesetze gehorcht als dem, das es zugleich selbst gibt.

Im Reiche der Zwecke hat alles entweder einen Preis, oder eine Würde. Was einen Preis hat, an dessen Stelle kann auch etwas anderes als Äquivalent gesetzt werden; was dagegen über allen Preis erhaben ist, mithin kein Äquivalent verstattet, das hat eine Würde.

Was sich auf die allgemeinen menschlichen Neigungen und Bedürfnisse bezieht, hat einen Marktpreis; das, was, auch ohne ein Bedürfnis vorauszusetzen, einem gewissen Geschmacke, d. i. einem Wohlgefallen am bloßen zwecklosen Spiel unserer Gemütskräfte, gemäß ist, einen Affektionspreis; das aber, was die Bedingung ausmacht, unter der allein etwas Zweck an sich selbst sein kann, hat nicht bloß einen relativen Wert, d. i. einen Preis, sondern einen innern Wert, d. i. Würde.

Nun ist Moralität die Bedingung, unter der allein ein vernünftiges Wesen Zweck an sich selbst sein kann, weil nur durch sie es möglich ist, ein gesetzgebend Glied im Reiche der Zwecke zu sein. Also ist Sittlichkeit und die Menschheit, so fern sie derselben fähig ist, dasjenige, was allein Würde hat. Geschicklichkeit und Fleiß im Arbeiten haben einen Marktpreis; Witz, lebhafte Einbildungskraft und Launen einen Affektionspreis; dagegen Treue im Versprechen, Wohlwollen aus Grundsätzen (nicht aus Instinkt) haben einen innern Wert. Die Natur sowohl als Kunst enthalten nichts, was sie in Ermangelung derselben an ihre Stelle setzen könnten; denn ihr Wert besteht nicht in den Wirkungen, die daraus entspringen, im Vorteil und Nutzen, den sie schaffen, sondern in den Gesinnungen, d. i. den Maximen des Willens, die sich auf diese Art in Handlungen zu offenbaren bereit sind, obgleich auch der Erfolg sie nicht begünstigte. Diese Handlungen bedürfen auch keiner Empfehlung von irgend einer subjektiven Disposition oder Geschmack, sie mit unmittelbarer Gunst und Wohlgefallen anzusehen, keines unmittelbaren Hanges oder Gefühles für dieselbe: sie stellen den Willen, der sie ausübt, als Gegenstand einer unmittelbaren Achtung dar, dazu nichts als Vernunft gefordert wird, um sie dem Willen aufzuerlegen, nicht von ihm zu erschmeicheln, welches letztere bei Pflichten ohnedem ein Widerspruch wäre. Diese Schätzung gibt also den Wert einer solchen Denkungsart als Würde zu erkennen und setzt sie über allen Preis unendlich weg, mit dem sie gar nicht in Anschlag und Vergleichung gebracht werden kann, ohne sich gleichsam an der Heiligkeit derselben zu vergreifen.

Und was ist es denn nun, was die sittlich gute Gesinnung oder die Tugend berechtigt, so hohe Ansprüche zu machen? Es ist nichts Geringeres als der Anteil, den sie dem vernünftigen Wesen an der allgemeinen Gesetzgebung verschafft und es hierdurch zum Gliede in einem möglichen Reiche der Zwecke tauglich macht, wozu es durch seine eigene Natur schon bestimmt war, als Zweck an sich selbst und eben darum als gesetzgebend im Reiche der Zwecke, in Ansehung aller Naturgesetze als frei, nur denjenigen allein gehorchend, die es selbst gibt und nach welchen seine Maximen zu einer allgemeinen Gesetzgebung (der es sich zugleich selbst unterwirft) gehören können. Denn es hat nichts einen Wert als den, welchen ihm das Gesetz bestimmt. Die Gesetzgebung selbst aber, die allen Wert bestimmt, muss eben darum eine Würde, d. i. unbedingten, unvergleichbaren Wert, haben, für welchen das Wort Achtung allein den geziemenden Ausdruck der Schätzung abgibt, die ein vernünftiges Wesen über sie anzustellen hat. Autonomie ist also der Grund der Würde der menschlichen und jeder vernünftigen Natur.

Die angeführten drei Arten, das Prinzip der Sittlichkeit vorzustellen, sind aber im Grunde nur so viele Formeln eben desselben Gesetzes, deren die eine die anderen zwei von selbst in sich vereinigt. Indessen ist doch eine Verschiedenheit in ihnen, die zwar eher subjektiv als Objektiv-praktisch ist, nämlich um eine Idee der Vernunft der Anschauung (nach einer gewissen Analogie) und dadurch dem Gefühle näher zu bringen. Alle Maximen haben nämlich

1) eine Form, welche in der Allgemeinheit besteht, und da ist die Formel des sittlichen Imperativs so ausgedrückt: dass die Maximen so müssen gewählt werden, als ob sie wie allgemeine Naturgesetze gelten sollten;

2) eine Materie, nämlich einen Zweck, und da sagt die Formel, dass das vernünftige Wesen als Zweck seiner Natur nach, mithin als Zweck an sich selbst jeder Maxime zur einschränkenden Bedingung aller bloß relativen und willkürlichen Zwecke dienen müsse;

3) eine vollständige Bestimmung aller Maximen durch jene Formel, nämlich: dass alle Maximen aus eigener Gesetzgebung zu einem möglichen Reiche der Zwecke, als einem Reiche der Natur, zusammenstimmen sollen. Der Fortgang geschieht hier wie durch die Kategorien der Einheit der Form des Willens (der Allgemeinheit desselben), der Vielheit der Materie (der Objekte, d. i. der Zwecke) und der Allheit oder Totalität des Systems derselben. Man tut aber besser, wenn man in der sittlichen Beurteilung immer nach der strengen Methode verfährt und die allgemeine Formel des kategorischen Imperativs zum Grunde legt: handle nach der Maxime, die sich selbst zugleich zum allgemeinen Gesetze machen kann. Will man aber dem sittlichen Gesetze zugleich Eingang verschaffen: so ist sehr nützlich, ein

und eben dieselbe Handlung durch benannte drei Begriffe zu führen und sie dadurch, so viel sich tun lässt, der Anschauung zu nähern.

Wir können nunmehr da endigen, von wo wir im Anfange ausgingen, nämlich dem Begriffe eines unbedingt guten Willens. Der Wille ist schlechterdings gut, der nicht böse sein, mithin dessen Maxime, wenn sie zu einem allgemeinen Gesetze gemacht wird, sich selbst niemals widerstreiten kann. Dieses Prinzip ist also auch sein oberstes Gesetz: handle jederzeit nach derjenigen Maxime, deren Allgemeinheit als Gesetzes du zugleich wollen kannst; dieses ist die einzige Bedingung, unter der ein Wille niemals mit sich selbst im Widerstreite sein kann, und ein solcher Imperativ ist kategorisch. Weil die Gültigkeit des Willens als eines allgemeinen Gesetzes für mögliche Handlungen mit der allgemeinen Verknüpfung des Daseins der Dinge nach allgemeinen Gesetzen, die das Formale der Natur überhaupt ist, Analogie hat, so kann der kategorische Imperativ auch so ausgedrückt werden: Handle nach Maximen, die sich selbst zugleich als allgemeine Naturgesetze zum Gegenstande haben können. So ist also die Formel eines schlechterdings guten Willens beschaffen.

Die vernünftige Natur nimmt sich dadurch vor den übrigen aus, dass sie ihr selbst einen Zweck setzt. Dieser würde die Materie eines jeden guten Willens sein. Da aber in der Idee eines ohne einschränkende Bedingung (der Erreichung dieses oder jenes Zwecks) schlechterdings guten Willens durchaus von allem zu bewirkenden Zwecke abstrahiert werden muss (als der jeden Willen nur relativ gut machen würde), so wird der Zweck hier nicht als ein zu bewirkender, sondern selbständiger Zweck, mithin nur negativ gedacht werden müssen, d. i. dem niemals zuwider gehandelt, der also niemals bloß als Mittel, sondern jederzeit zugleich als Zweck in jedem Wollen geschätzt werden muss. Dieser kann nun nichts anders als das Subjekt aller möglichen Zwecke selbst sein, weil dieses zugleich das Subjekt eines möglichen schlechterdings guten Willens ist; denn dieser kann ohne Widerspruch keinem andern Gegenstande nachgesetzt werden. Das Prinzip: handle in Beziehung auf ein jedes vernünftige Wesen (auf dich selbst und andere) so, dass es in deiner Maxime zugleich als Zweck an sich selbst gelte, ist demnach mit dem Grundsatze: handle nach einer Maxime, die ihre eigene allgemeine Gültigkeit für jedes vernünftige Wesen zugleich in sich enthält, im Grunde einerlei. Denn dass ich meine Maxime im Gebrauche der Mittel zu jedem Zwecke auf die Bedingung ihre Allgemeingültigkeit als eines Gesetzes für jedes Subjekt einschränken soll, sagt eben so viel, als: das Subjekt der Zwecke, d. i. das vernünftige Wesen selbst, muss niemals bloß als Mittel, sondern als oberste einschränkende Bedingung im Gebrauche aller Mittel, d. i. jederzeit zugleich als Zweck, allen Maximen der Handlungen zum Grunde gelegt werden.

Nun folgt hieraus unstreitig: dass jedes vernünftige Wesen als Zweck an sich selbst sich in Ansehung aller Gesetze, denen es nur immer unterworfen sein mag, zugleich als allgemein gesetzgebend müsse ansehen können, weil eben diese Schicklichkeit seiner Maximen zur allgemeinen Gesetzgebung es als Zweck an sich selbst auszeichnet, imgleichen dass dieses seine Würde (Prärogativ) vor allen bloßen Naturwesen es mit sich bringe, seine Maximen jederzeit aus dem Gesichtspunkte seiner selbst, zugleich aber auch jedes andern vernünftigen als gesetzgebenden Wesens (die darum auch Personen heißen) nehmen zu müssen. Nun ist auf solche Weise eine Welt vernünftiger Wesen (mundus intelligibilis) als ein Reich der Zwecke möglich und zwar durch die eigene Gesetzgebung aller Personen als Glieder. Demnach muss ein jedes vernünftige Wesen so handeln, als ob es durch seine Maximen jederzeit ein gesetzgebendes Glied im allgemeinen Reiche der Zwecke wäre. Das formale Prinzip dieser Maximen ist: handle so, als ob deine Maxime zugleich zum allgemeinen Gesetze (aller vernünftigen Wesen) dienen sollte. Ein Reich der Zwecke ist also nur möglich nach der Analogie mit einem Reiche der Natur, jenes aber nur nach Maximen, d. i. sich selbst auferlegten Regeln, diese nur nach Gesetzen äußerlich genötigter wirkenden Ursachen. Dem unerachtet gibt man doch auch dem Naturganzen, ob es schon als Maschine angesehen wird, dennoch, so fern es auf vernünftige Wesen als seine Zwecke Beziehung hat, aus diesem Grunde den Namen eines Reichs der Natur.

Ein solches Reich der Zwecke würde nun durch Maximen, deren Regel der kategorische Imperativ allen vernünftigen Wesen vorschreibt, wirklich zu Stande kommen, wenn sie allgemein befolgt würden. Allein obgleich das vernünftige Wesen darauf nicht rechnen kann, dass, wenn es auch gleich diese Maxime selbst pünktlich befolgte, darum jedes andere eben derselben treu sein würde, imgleichen dass das Reich der Natur und die zweckmäßige Anordnung desselben mit ihm, als einem schicklichen Gliede, zu einem durch es selbst möglichen Reiche der Zwecke zusammenstimmen, d. i. seine Erwartung der Glückseligkeit begünstigen werde, so bleibt doch jenes Gesetz: handle nach Maximen eines allgemein gesetzgebenden Gliedes zu einem bloß möglichen Reiche der Zwecke, in seiner vollen Kraft, weil es kategorisch gebietend ist. Und hierin liegt eben das Paradoxon: dass bloß die Würde der Menschheit als vernünftiger Natur ohne irgend einen andern dadurch zu erreichenden Zweck oder Vorteil, mithin die Achtung für eine bloße Idee dennoch zur unnachlässlichen Vorschrift des Willens dienen sollte, und dass gerade in dieser Unabhängigkeit der Maxime von allen solchen Triebfedern die Erhabenheit derselben bestehe und die Würdigkeit eines jeden vernünftigen Subjekts, ein gesetzgebendes Glied im Reiche der Zwecke zu sein; denn sonst würde es nur als dem Naturgesetze seines Bedürfnisses unterworfen vorgestellt werden müssen. Obgleich auch das Naturreich sowohl, als das Reich der Zwecke als unter einem Oberhaupte vereinigt gedacht würde, und dadurch das letztere nicht mehr bloße Idee bliebe, sondern wahre Realität erhielte, so würde hierdurch zwar jener der Zuwachs einer starken Triebfeder, niemals aber Vermehrung ihres innern Werts zu statten kommen; denn diesem ungeachtet müsste doch selbst dieser alleinige unumschränkte Gesetzgeber immer so vorgestellt werden, wie er den Wert der vernünftigen Wesen nur nach ihrem uneigennützigen, bloß aus jener Idee ihnen selbst vorgeschriebenen Verhalten beurteilte. Das Wesen der Dinge ändert sich durch ihre äußere Verhältnisse nicht, und was, ohne an das letztere zu denken, den absoluten Wert des Menschen allein ausmacht, darnach muss er auch, von wem es auch sei, selbst vom höchsten Wesen beurteilt werden. Moralität ist also das Verhältnis der Handlungen zur Autonomie des Willens, das ist zur möglichen allgemeinen Gesetzgebung durch die Maximen desselben. Die Handlung, die mit der Autonomie des Willens zusammen bestehen kann, ist erlaubt; die nicht damit stimmt, ist unerlaubt. Der Wille, dessen Maximen notwendig mit den Gesetzen der Autonomie zusammenstimmen, ist ein heiliger, schlechterdings guter Wille. Die Abhängigkeit eines nicht schlechterdings guten Willens vom Prinzip der Autonomie (die moralische Nötigung) ist Verbindlichkeit. Diese kann also auf ein heiliges Wesen nicht gezogen werden. Die Objektive Notwendigkeit einer Handlung aus Verbindlichkeit heißt Pflicht.

Man kann aus dem kurz vorhergehenden sich es jetzt leicht erklären, wie es zugehe: dass, ob wir gleich unter dem Begriffe von Pflicht uns eine Unterwürfigkeit unter dem Gesetze denken, wir uns dadurch doch zugleich eine gewisse Erhabenheit und Würde an derjenigen Person vorstellen, die alle ihre Pflichten erfüllt. Denn so fern ist zwar keine Erhabenheit an ihr, als sie dem moralischen Gesetze unterworfen ist, wohl aber so fern sie in Ansehung eben desselben zugleich gesetzgebend und nur darum ihm untergeordnet ist. Auch haben wir oben gezeigt, wie weder Furcht, noch Neigung, sondern lediglich Achtung fürs Gesetz diejenige Triebfeder sei, die der Handlung einen moralischen Wert geben kann. Unser eigener Wille, so fern er nur unter der Bedingung einer durch seine Maximen möglichen allgemeinen Gesetzgebung handeln würde, dieser uns mögliche Wille in der Idee ist der eigentliche Gegenstand der Achtung, und die Würde der Menschheit besteht eben in dieser Fähigkeit, allgemein gesetzgebend, obgleich mit dem Beding, eben dieser Gesetzgebung zugleich selbst unterworfen zu sein.

Die Autonomie des Willens als oberstes Prinzip der Sittlichkeit

Autonomie des Willens ist die Beschaffenheit des Willens, dadurch derselbe ihm selbst (unabhängig von aller Beschaffenheit der Gegenstände des Wollens) ein Gesetz ist. Das Prinzip der Autonomie ist also: nicht anders zu wählen als so, dass die Maximen seiner Wahl in demselben Wollen zugleich als allgemeines Gesetz mit begriffen seien. Dass diese praktische Regel ein Imperativ sei, d. i. der Wille jedes vernünftigen Wesens an sie als Bedingung notwendig gebunden sei, kann durch bloße Zergliederung der in ihm vorkommenden Begriffe nicht bewiesen werden, weil es ein synthetischer Satz ist; man müsste über die Erkenntnis der Objekte und zu einer Kritik des Subjekts, d. i. der reinen praktischen Vernunft, hinausgehen, denn völlig a priori muss dieser synthetische Satz, der apodiktisch gebietet, erkannt werden können, dieses Geschäft aber gehört nicht in gegenwärtigen Abschnitt. Allein dass gedachtes Prinzip der Autonomie das alleinige Prinzip der Moral sei, lässt sich durch bloße Zergliederung der Begriffe der Sittlichkeit gar wohl dartun. Denn dadurch findet sich, dass ihr Prinzip ein kategorischer Imperativ sein müsse, dieser aber nichts mehr oder weniger als gerade diese Autonomie gebiete.

Die Heteronomie des Willens als der Quell aller unechten Prinzipien der Sittlichkeit

Wenn der Wille irgend worin anders, als in der Tauglichkeit seiner Maximen zu seiner eigenen allgemeinen Gesetzgebung, mithin, wenn er, indem er über sich selbst hinausgeht, in der Beschaffenheit irgend eines seiner Objekte das Gesetz sucht, das ihn bestimmen soll, so kommt jederzeit Heteronomie heraus. Der Wille gibt alsdann sich nicht selbst, sondern das Objekt durch sein Verhältnis zum Willen gibt diesem das Gesetz. Dies Verhältnis, es beruhe nun auf der Neigung, oder auf Vorstellungen der Vernunft, lässt nur hypothetische Imperativen möglich werden: ich soll etwas tun darum, weil ich etwas anderes will. Dagegen sagt der moralische, mithin kategorische Imperativ: ich soll so oder so handeln, ob ich gleich nichts anderes wollte. Z. E. jener sagt: ich soll nicht lügen, wenn ich bei Ehren bleiben will; dieser aber: ich soll nicht lügen, ob es mir gleich nicht die mindeste Schande zuzöge. Der letztere muss also von allem Gegenstande so fern abstrahieren, dass dieser gar keinen Einfluss auf den Willen habe, damit praktische Vernunft (Wille) nicht fremdes Interesse bloß administriere, sondern bloß ihr eigenes gebietendes Ansehen als oberste Gesetzgebung beweise. So soll ich z. B. fremde Glückseligkeit zu befördern suchen, nicht als wenn mir an deren Existenz was gelegen wäre (es sei durch unmittelbare Neigung, oder irgend ein Wohlgefallen indirekt durch Vernunft), sondern bloß deswegen, weil die Maxime, die sie ausschließt, nicht in einem und demselben Wollen, als allgemeinen Gesetz, begriffen werden kann.

Einteilung aller möglichen Prinzipien der Sittlichkeit aus dem angenommenen Grundbegriffe der Heteronomie

Die menschliche Vernunft hat hier, wie allerwärts in ihrem reinen Gebrauche, so lange es ihr an Kritik fehlt, vorher alle mögliche unrechte Wege versucht, ehe es ihr gelingt, den einzigen wahren zu treffen.

Alle Prinzipien, die man aus diesem Gesichtspunkte nehmen mag, sind entweder empirisch oder rational. Die ersteren, aus dem Prinzip der Glückseligkeit, sind aufs physische oder moralische Gefühl, die zweiten, aus dem Prinzip der Vollkommenheit, entweder auf den Vernunftbegriff derselben als möglicher Wirkung, oder auf den Begriff einer selbständigen Vollkommenheit (den Willen Gottes) als bestimmende Ursache unseres Willens gebaut.

Empirische Prinzipien taugen überall nicht dazu, um moralische Gesetze darauf zu gründen. Denn die Allgemeinheit, mit der sie für alle vernünftige Wesen ohne Unterschied gelten sollen, die unbedingte praktische Notwendigkeit, die ihnen dadurch auferlegt wird, fällt weg, wenn der Grund derselben von der besonderen Einrichtung der menschlichen Natur, oder den zufälligen Umständen hergenommen wird, darin sie gesetzt ist. Doch ist das Prinzip der eigenen Glückseligkeit am meisten verwerflich, nicht bloß deswegen weil es falsch ist, und die Erfahrung dem Vorgeben, als ob das Wohlbefinden sich jederzeit nach dem Wohlverhalten richte, widerspricht, auch nicht bloß weil es gar nichts zur Gründung der Sittlichkeit beiträgt, indem es ganz was anderes ist, einen glücklichen, als einen guten Menschen, und diesen klug und auf seinen Vorteil abgewitzt, als ihn tugendhaft zu machen: sondern weil es der Sittlichkeit Triebfedern unterlegt, die sie eher untergraben und ihre ganze Erhabenheit zernichten, indem sie die Bewegursachen zur Tugend mit denen zum Laster in eine Klasse stellen und nur den Calcul besser ziehen lehren, den spezifischen Unterschied beider aber ganz und gar auslöschen; dagegen das moralische Gefühl, dieser vermeintliche besondere Sinn, (so leicht auch die Berufung auf selbigen ist, indem diejenigen, die nicht denken können, selbst in dem, was bloß auf allgemeine Gesetze ankommt, sich durchs Fühlen auszuhelfen glauben, so wenig auch Gefühle, die dem Grade nach von Natur unendlich von einander unterschieden sind, einen gleichen Maßstab des Guten und Bösen abgeben, auch einer durch sein Gefühl für andere gar nicht gültig urteilen kann) dennoch der Sittlichkeit und ihrer Würde dadurch näher bleibt, dass er der Tugend die Ehre beweist, das Wohlgefallen und die Hochschätzung für sie ihr unmittelbar zuzuschreiben, und ihr nicht gleichsam ins Gesicht sagt, dass es nicht ihre Schönheit, sondern nur der Vorteil sei, der uns an sie knüpfe.

Unter den rationalen oder Vernunftgründen der Sittlichkeit ist doch der ontologische Begriff der Vollkommenheit (so leer, so unbestimmt, mithin unbrauchbar er auch ist, um in dem unermesslichen Felde möglicher

Realität die für uns schickliche größte Summe auszufinden; so sehr er auch, um die Realität, von der hier die Rede ist, spezifisch von jeder anderen zu unterscheiden, einen unvermeidlichen Hang hat, sich im Zirkel zu drehen, und die Sittlichkeit, die er erklären soll, insgeheim vorauszusetzen, nicht vermeiden kann) dennoch besser als der theologische Begriff, sie von einem göttlichen, allervollkommensten Willen abzuleiten, nicht bloß deswegen weil wir seine Vollkommenheit doch nicht anschauen, sondern sie von unseren Begriffen, unter denen der der Sittlichkeit der vornehmste ist, allein ableiten können, sondern weil, wenn wir dieses nicht tun (wie es denn, wenn es geschähe, ein grober Zirkel im Erklären sein würde), der uns noch übrige Begriff seines Willens aus den Eigenschaften der Ehr- und Herrschbegierde, mit den furchtbaren Vorstellungen der Macht und des Racheifers verbunden, zu einem System der Sitten, welches der Moralität gerade entgegen gesetzt wäre, die Grundlage machen müsste.

Wenn ich aber zwischen dem Begriff des moralischen Sinnes und dem der Vollkommenheit überhaupt (die beide der Sittlichkeit wenigstens nicht Abbruch tun, ob sie gleich dazu gar nichts taugen, sie als Grundlagen zu unterstützen) wählen müsste: so würde ich mich für den letzteren bestimmen, weil er, da er wenigstens die Entscheidung der Frage von der Sinnlichkeit ab und an den Gerichtshof der reinen Vernunft zieht, ob er gleich auch hier nichts entscheidet, dennoch die unbestimmte Idee (eines an sich guten Willens) zur nähern Bestimmung unverfälscht aufbehält.

Übrigens glaube ich einer weitläufigen Widerlegung aller dieser Lehrbegriffe überhoben sein zu können. Sie ist so leicht, sie ist von denen selbst, deren Amt es erfordert, sich doch für eine dieser Theorien zu erklären (weil Zuhörer den Aufschub des Urteils nicht wohl leiden mögen), selbst vermutlich so wohl eingesehen, dass dadurch nur überflüssige Arbeit geschehen würde. Was uns aber hier mehr interessiert, ist, zu wissen: dass diese Prinzipien überall nichts als Heteronomie des Willens zum ersten Grunde der Sittlichkeit aufstellen und eben darum notwendig ihres Zwecks verfehlen müssen.

Allenthalben, wo ein Objekt des Willens zum Grunde gelegt werden muss, um diesem die Regel vorzuschreiben, die ihn bestimme, da ist die Regel nichts als Heteronomie; der Imperativ ist bedingt, nämlich: wenn oder weil man dieses Objekt will, soll man so oder so handeln; mithin kann er niemals moralisch, d. i. kategorisch, gebieten. Es mag nun das Objekt vermittelst der Neigung, wie beim Prinzip der eigenen Glückseligkeit, oder vermittelst der auf Gegenstände unseres möglichen Wollens überhaupt gerichteten Vernunft, im Prinzip der Vollkommenheit, den Willen bestimmen, so bestimmt sich der Wille niemals unmittelbar selbst durch die Vorstellung der Handlung, sondern nur durch die Triebfeder, welche die vorausgesehene Wirkung der

Handlung auf den Willen hat; ich soll etwas tun, darum weil ich etwas anderes will, und hier muss noch ein anderes Gesetz in meinem Subjekt zum Grunde gelegt werden, nach welchem ich dieses Andere notwendig will, welches Gesetz wiederum eines Imperativs bedarf, der diese Maxime einschränke. Denn weil der Antrieb, den die Vorstellung eines durch unsere Kräfte möglichen Objekts nach der Naturbeschaffenheit des Subjekts auf seinen Willen ausüben soll, zur Natur des Subjekts gehört, es sei der Sinnlichkeit (der Neigung und des Geschmacks) oder des Verstandes und der Vernunft, die nach der besonderen Einrichtung ihrer Natur an einem Objekte sich mit Wohlgefallen üben, so gäbe eigentlich die Natur das Gesetz, welches als ein solches nicht allein durch Erfahrung erkannt und bewiesen werden muss, mithin an sich zufällig ist und zur apodiktischen praktischen Regel, dergleichen die moralische sein muss, dadurch untauglich wird, sondern es ist immer nur Heteronomie des Willens, der Wille gibt sich nicht selbst, sondern ein fremder Antrieb gibt ihm vermittelst einer auf die Empfänglichkeit desselben gestimmten Natur des Subjekts das Gesetz.

Der schlechterdings gute Wolle, dessen Prinzip ein kategorischer Imperativ sein muss, wird also, in Ansehung aller Objekte unbestimmt, bloß die Form des Wollens überhaupt enthalten und zwar als Autonomie, d. i. die Tauglichkeit der Maxime eines jeden guten Willens, sich selbst zum allgemeinen Gesetze zu machen, ist selbst das alleinige Gesetz, das sich der Wille eines jeden vernünftigen Wesens selbst auferlegt, ohne irgend eine Triebfeder und Interesse derselben als Grund unterzulegen.

Wie ein solcher synthetischer praktischer Satz a priori möglich und warum er notwendig sei, ist eine Aufgabe, deren Auflösung nicht mehr binnen den Grenzen der Metaphysik der Sitten liegt, auch haben wir seine Wahrheit hier nicht behauptet, viel weniger vorgegeben, einen Beweis derselben in unserer Gewalt zu haben. Wir zeigten nur durch Entwickelung des einmal allgemein im Schwange gehenden Begriffs der Sittlichkeit; dass eine Autonomie des Willens demselben unvermeidlicher Weise anhänge, oder vielmehr zum Grunde liege. Wer also Sittlichkeit für Etwas und nicht für eine schimärische Idee ohne Wahrheit hält, muss das angeführte Prinzip derselben zugleich einräumen. Dieser Abschnitt war also eben so, wie der erste bloß analytisch. Dass nun Sittlichkeit kein Hirngespinst sei, welches alsdann folgt, wenn der kategorische Imperativ und mit ihm die Autonomie des Willens wahr und als ein Prinzip a priori schlechterdings notwendig ist, erfordert einen möglichen synthetischen Gebrauch der reinen praktischen Vernunft, den wir aber nicht wagen dürfen, ohne eine Kritik dieses Vernunftvermögens selbst voranzuschicken, von welcher wir in dem letzten Abschnitte die zu unserer Absicht hinlängliche Hauptzüge darzustellen haben.

Dritter Abschnitt

Übergang von der Metaphysik der Sitten zur Kritik der reinen praktischen Vernunft

Der Begriff der Freiheit ist der Schlüssel zur Erklärung der Autonomie des Willens

Der Wille ist eine Art von Kausalität lebender Wesen, so fern sie vernünftig sind, und Freiheit würde diejenige Eigenschaft dieser Kausalität sein, da sie unabhängig von fremden sie bestimmenden Ursachen wirkend sein kann: so wie Naturnotwendigkeit die Eigenschaft der Kausalität aller vernunftlosen Wesen, durch den Einfluss fremder Ursachen zur Tätigkeit bestimmt zu werden.

Die angeführte Erklärung der Freiheit ist negativ und daher, um ihr Wesen einzusehen, unfruchtbar; allein es fließt aus ihr ein positiver Begriff derselben, der desto reichhaltiger und fruchtbarer ist. Da der Begriff einer Kausalität den von Gesetzen bei sich führt, nach welchen durch etwas, was wir Ursache nennen, etwas anderes, nämlich die Folge, gesetzt werden muss: so ist die Freiheit, ob sie zwar nicht eine Eigenschaft des Willens nach Naturgesetzen ist, darum doch nicht gar gesetzlos, sondern muss vielmehr eine Kausalität nach unwandelbaren Gesetzen, aber von besonderer Art sein; denn sonst wäre ein freier Wille ein Unding. Die Naturnotwendigkeit war eine Heteronomie der wirkenden Ursachen;

denn jede Wirkung war nur nach dem Gesetze möglich, dass etwas anderes die wirkende Ursache zur Kausalität bestimmte; was kann denn wohl die Freiheit des Willens sonst sein als Autonomie, d. i. die Eigenschaft des Willens, sich selbst ein Gesetz zu sein? Der Satz aber: der Wille ist in allen Handlungen sich selbst ein Gesetz, bezeichnet nur das Prinzip, nach keiner anderen Maxime zu handeln, als die sich selbst auch als ein allgemeines Gesetz zum Gegenstande haben kann. Dies ist aber gerade die Formel des kategorischen Imperativs und das Prinzip der Sittlichkeit: also ist ein freier Wille und ein Wille unter sittlichen Gesetzen einerlei.

Wenn also Freiheit des Willens vorausgesetzt wird, so folgt die Sittlichkeit samt ihrem Prinzip daraus durch bloße Zergliederung ihres Begriffs. Indessen ist das letztere doch immer ein synthetischer Satz: ein schlechterdings guter Wille ist derjenige, dessen Maxime jederzeit sich selbst, als allgemeines Gesetz betrachtet, in sich enthalten kann, denn durch Zergliederung des Begriffs von einem schlechthin guten Willen kann jene Eigenschaft der Maxime nicht gefunden werden. Solche synthetische Sätze sind aber nur dadurch möglich, dass beide Erkenntnisse durch die Verknüpfung mit einem dritten, darin sie beiderseits anzutreffen sind, unter einander verbunden werden. Der positive Begriff der Freiheit schafft dieses dritte, welches nicht wie bei den physischen Ursachen die Natur der Sinnenwelt sein kann (in deren Begriff die Begriffe von etwas als Ursache in Verhältnis auf etwas anderes als Wirkung zusammenkommen). Was dieses dritte sei, worauf uns die Freiheit weiset, und von dem wir a priori eine Idee haben, lässt sich hier sofort noch nicht anzeigen und die Deduktion des Begriffs der Freiheit aus der reinen praktischen Vernunft, mit ihr auch die Möglichkeit eines kategorischen Imperativs begreiflich machen, sondern bedarf noch einiger Vorbereitung.

Freiheit muss als Eigenschaft des Willens aller vernünftigen Wesen vorausgesetzt werden

Es ist nicht genug, dass wir unserem Willen, es sei aus welchem Grunde, Freiheit zuschreiben, wenn wir nicht eben dieselbe auch allen vernünftigen Wesen beizulegen hinreichenden Grund haben. Denn da Sittlichkeit für uns bloß als für vernünftige Wesen zum Gesetze dient, so muss sie auch für alle vernünftige Wesen gelten, und da sie lediglich aus der Eigenschaft der Freiheit abgeleitet werden muss, so muss auch Freiheit als Eigenschaft des Willens aller vernünftigen Wesen bewiesen werden, und es ist nicht genug, sie aus gewissen vermeintlichen Erfahrungen von der menschlichen Natur darzutun (wiewohl dieses auch schlechterdings unmöglich ist und lediglich a priori dargetan werden kann), sondern man muss sie als zur Tätigkeit vernünftiger und mit einem Willen begabter Wesen überhaupt gehörig beweisen. Ich sage nun: Ein jedes Wesen, das nicht anders als unter der Idee der Freiheit handeln kann, ist eben darum in praktischer Rücksicht wirklich frei, d. i. es gelten für dasselbe alle Gesetze, die mit der Freiheit unzertrennlich verbunden sind, eben so als ob sein Wille auch an sich selbst und in der theoretischen Philosophie gültig für frei erklärt würde. Nun behaupte ich: dass wir jedem vernünftigen Wesen, das einen Willen hat, notwendig auch die Idee der Freiheit leihen müssen, unter der es allein handle. Denn in einem solchen Wesen denken wir uns eine Vernunft, die praktisch ist, d. i. Kausalität in Ansehung ihrer Objekte hat. Nun kann man sich unmöglich eine Vernunft denken, die mit ihrem eigenen Bewusstsein in Ansehung ihrer Urteile anderwärts her eine Lenkung empfinge, denn alsdann würde das Subjekt nicht seiner Vernunft, sondern einem Antriebe die Bestimmung der Urteilskraft zuschreiben. Sie muss sich selbst als Urheberin ihrer Prinzipien ansehen unabhängig von fremden Einflüssen, folglich muss sie als praktische Vernunft, oder als Wille eines vernünftigen Wesens von ihr selbst als frei angesehen werden; d. i. der Wille desselben kann nur unter der Idee der Freiheit zuletzt zurückgeführt; diese aber konnten wir praktischer Absicht allen vernünftigen Wesen beigelegt werden.

Von dem Interesse, welches den Ideen der Sittlichkeit anhängt

Wir haben den bestimmten Begriff der Sittlichkeit auf die Idee der Freiheit zuletzt zurückgeführt; diese aber konnten wir als etwas Wirkliches nicht einmal in uns selbst und in der menschlichen Natur beweisen; wir sahen nur, dass wir sie voraussetzen müssen, wenn wir uns ein Wesen als vernünftig und mit Bewusstsein seiner Kausalität in Ansehung der Handlungen, d. i. mit einem Willen, begabt uns denken wollen, und so finden wir, dass wir aus eben demselben Grunde jedem mit Vernunft und Willen begabten Wesen diese Eigenschaft, sich unter der Idee seiner Freiheit zum Handeln zu bestimmen, beilegen müssen.

Es floss aber aus der Voraussetzung dieser Ideen auch das Bewusstsein eines Gesetzes zu handeln: dass die subjektiven Grundsätze der Handlungen, d. i. Maximen, jederzeit so genommen werden müssen, dass sie auch objektiv, d. i. allgemein als Grundsätze, gelten, mithin zu unserer eigenen allgemeinen Gesetzgebung dienen können. Warum aber soll ich mich denn diesem Prinzip unterwerfen und zwar als vernünftiges Wesen überhaupt, mithin auch dadurch alle andere mit Vernunft begabte Wesen? Ich will einräumen, dass mich hiezu kein Interesse treibt, denn das würde keinen kategorischen Imperativ geben; aber ich muss doch hieran notwendig ein Interesse nehmen und einsehen, wie das zugeht; denn dieses Sollen ist eigentlich ein Wollen, das unter der Bedingung für jedes vernünftige Wesen gilt, wenn die Vernunft bei ihm ohne Hindernisse praktisch wäre; für Wesen, die wie wir noch durch Sinnlichkeit als Triebfedern anderer Art affiziert werden, bei denen es nicht immer geschieht, was die Vernunft für sich allein tun würde, heißt jene Notwendigkeit der Handlung nur ein Sollen, und die subjektive Notwendigkeit wird von der objektiven unterschieden.

Es scheint also, als setzten wir in der Idee der Freiheit eigentlich das moralische Gesetz, nämlich das Prinzip der Autonomie des Willens selbst, nur voraus und könnten seine Realität und objektive Notwendigkeit nicht für sich beweisen, und da hätten wir zwar noch immer etwas ganz Beträchtliches dadurch gewonnen, dass wir wenigstens das ächte Prinzip genauer, als wohl sonst geschehen, bestimmt hätten, in Ansehung seiner Gültigkeit aber und der praktischen Notwendigkeit, sich ihm zu unterwerfen, wären wir um nichts weiter gekommen; denn wir könnten dem, der uns fragte, warum denn die Allgemeingültigkeit unserer Maxime, als eines Gesetzes, die einschränkende Bedingung unserer Handlungen sein müsse, und worauf wir den Werth gründen, den wir dieser Art zu handeln beilegen, der so groß sein soll, dass es überall kein höheres Interesse geben kann, und wie es zugehe, dass der Mensch dadurch allein seinen persönlichen Werth zu fühlen glaubt, gegen den der eines angenehmen oder unangenehmen Zustandes für nichts zu halten sei, keine genugtuende Antwort geben.

Zwar finden wir wohl, dass wir an einer persönlichen Beschaffenheit ein Interesse nehmen können, die gar kein Interesse des Zustandes bei sich führt, wenn jene uns nur fähig macht, des letzteren teilhaftig zu werden, im Falle die Vernunft die Austeilung desselben bewirken sollte, d. i. dass die bloße Würdigkeit, glücklich zu sein, auch ohne den Bewegungsgrund, dieser Glückseligkeit teilhaftig zu werden, für sich interessieren könne: aber dieses Urteil ist in der Tat nur die Wirkung von der schon vorausgesetzten Wichtigkeit moralischer Gesetze (wenn wir uns durch die Idee der Freiheit von allem empirischen Interesse trennen); aber dass wir uns von diesem trennen, d. i. uns als frei im Handeln betrachten und so uns dennoch für gewissen Gesetzen unterworfen halten sollen, um einen Werth bloß in unserer Person zu finden, der uns allen Verlust dessen, was unserem Zustande einen Werth verschafft, vergüten könne, und wie dieses möglich sei, mithin woher das moralische Gesetz verbindet, können wir auf solche Art noch nicht einsehen.

Es zeigt sich hier, man muss es frei gestehen, eine Art von Zirkel, aus dem, wie es scheint, nicht heraus zu kommen ist. Wir nehmen uns in der Ordnung der wirkenden Ursachen als frei an, um uns in der Ordnung der Zwecke unter sittlichen Gesetzen zu denken, und wir denken uns nachher als diesen Gesetzen unterworfen, weil wir uns die Freiheit des Willens beigelegt haben; denn Freiheit und eigene Gesetzgebung des Willens sind beides Autonomie, mithin Wechselbegriffe, davon aber einer eben um deswillen nicht dazu gebraucht werden kann, um den anderen zu erklären und von ihm Grund anzugeben, sondern höchstens nur, um in logischer Absicht verschieden scheinende Vorstellungen von eben demselben

Gegenstande auf einen einzigen Begriff (wie verschiedne Brüche gleiches Inhalts auf die kleinsten Ausdrücke) zu bringen.

Eine Auskunft bleibt uns aber noch übrig, nämlich zu suchen: ob wir, wenn wir uns durch Freiheit als a priori wirkende Ursachen denken, nicht einen anderen Standpunkt einnehmen, als wenn wir uns selbst nach unseren Handlungen als Wirkungen, die wir vor unseren Augen sehen, uns vorstellen.

Es ist eine Bemerkung, welche anzustellen einen kein subtiles Nachdenken erfordert wird, sondern von der man annehmen kann, dass sie wohl der gemeinste Verstand, obzwar nach seiner Art durch eine dunkele Unterscheidung der Urteilskraft, die er Gefühl nennt, machen mag: dass alle Vorstellungen, die uns ohne unsere Willkür kommen (wie die der Sinne), uns die Gegenstände nicht anders zu erkennen geben, als sie uns affizieren, wobei, was sie an sich sein mögen, uns unbekannt bleibt, mithin dass, was diese Art Vorstellungen betrifft, wir dadurch auch bei der angestrengtesten Aufmerksamkeit und Deutlichkeit, die der Verstand nur immer hinzufügen mag, doch bloß zur Erkenntnis der Erscheinungen, niemals der Dinge an sich selbst gelangen können. Sobald dieser Unterschied (allenfalls bloß durch die bemerkte Verschiedenheit zwischen den Vorstellungen, die uns anders woher gegeben werden, und dabei wir leidend sind, von denen, die wir lediglich aus uns selbst hervorbringen, und dabei wir unsere Tätigkeit beweisen) einmal gemacht ist, so folgt von selbst, dass man hinter den Erscheinungen doch noch etwas anderes, was nicht Erscheinung ist, nämlich die Dinge an sich, einräumen und annehmen müsse, ob wir gleich uns von selbst bescheiden, dass, da sie uns niemals bekannt werden können, sondern immer nur, wie sie uns affizieren, wir ihnen nicht näher treten und, was sie an sich sind, niemals wissen können. Dieses muss eine, obzwar rohe, Unterscheidung einer Sinnenwelt von der Verstandeswelt abgeben, davon die erstere nach Verschiedenheit der Sinnlichkeit in mancherlei Weltbeschauern auch sehr verschieden sein kann, indessen die zweite, die ihr zum Grunde liegt, immer dieselbe bleibt. Sogar sich selbst und zwar nach der Kenntnis, die der Mensch durch innere Empfindung von sich hat, darf er sich nicht anmaßen zu erkennen, wie er an sich selbst sei. Denn da er doch sich selbst nicht gleichsam schafft und seinen Begriff nicht a priori, sondern empirisch bekommt, so ist natürlich, dass er auch von sich durch den innern Sinn und folglich nur durch die Erscheinung seiner Natur und die Art, wie sein Bewusstsein affiziert wird, Kundschaft einziehen könne, indessen er doch notwendiger Weise über diese aus lauter Erscheinungen zusammengesetzte Beschaffenheit seines eigenen Subjekts noch etwas anderes zum Grunde Liegendes, nämlich sein Ich, so wie es an sich selbst beschaffen sein mag, annehmen und sich also im Absicht auf die bloße Wahrnehmung und Empfänglichkeit der Empfindungen zur Sinnenwelt, in Ansehung dessen aber, was in ihm reine Tätigkeit sein mag, (dessen, was gar nicht durch Affizierung der Sinne, sondern unmittelbar zum Bewusstsein gelangt) sich zur intellektuellen Welt zählen muss, die er doch nicht weiter kennt.

Dergleichen Schluss muss der nachdenkende Mensch von allen Dingen, die ihm vorkommen mögen, fällen; vermutlich ist er auch im gemeinsten Verstande anzutreffen, der, wie bekannt, sehr geneigt ist, hinter den Gegenständen der Sinne noch immer etwas Unsichtbares, für sich selbst Tätiges zu erwarten, es aber wiederum dadurch verdirbt, dass er dieses Unsichtbare sich bald wiederum versinnlicht, d. i. zum Gegenstande der Anschauung machen will, und dadurch also nicht um einen Grad klüger wird.

Nun findet der Mensch in sich wirklich ein Vermögen, dadurch er sich von allen andern Dingen, ja von sich selbst, so fern er durch Gegenstände affiziert wird, unterscheidet, und das ist die Vernunft. Diese, als reine Selbsttätigkeit, ist sogar darin noch über den Verstand erhoben: dass, obgleich dieser auch Selbsttätigkeit ist und nicht wie der Sinn bloß Vorstellungen enthält, die nur entspringen, wenn man von Dingen affiziert (mithin leidend) ist, er dennoch aus seiner Tätigkeit keine andere Begriffe hervorbringen kann als die, so bloß dazu dienen, um die sinnlichen Vorstellungen unter Regeln zu bringen und sie dadurch in einem Bewusstsein zu vereinigen, ohne welchen Gebrauch der Sinnlichkeit er gar nichts denken würde, da hingegen die Vernunft unter dem Namen der Ideen eine so reine Spontaneität zeigt, dass sie da durch weit über alles, was ihr Sinnlichkeit nur liefern kann, hinausgeht und ihr vornehmstes Geschäfte darin beweiset, Sinnenwelt und Verstandeswelt von einander zu unterscheiden, dadurch aber dem Verstande selbst seine Schranken vorzuzeichnen.

Um deswillen muss ein vernünftiges Wesen sich selbst als Intelligenz (also nicht von Seiten seiner untern Kräfte), nicht als zur Sinnen, sondern zur Verstandeswelt gehörig, ansehen; mithin hat es zwei Standpunkte, daraus es sich selbst betrachten und Gesetze des Gebrauchs seiner Kräfte, folglich aller seiner Handlungen erkennen kann, einmal, so fern es zur Sinnenwelt gehört, unter Naturgesetzen (Heteronomie), zweitens, als zur intelligibelen Welt gehörig, unter Gesetzen, die, von der Natur unabhängig, nicht empirisch, sondern bloß in der Vernunft gegründet sind.

Als ein vernünftiges, mithin zur intelligibelen Welt gehöriges Wesen kann der Mensch die Kausalität seines eigenen Willens niemals anders als unter der Idee der Freiheit denken; denn Unabhängigkeit von den bestimmenden Ursachen der Sinnenwelt (dergleichen die Vernunft jederzeit sich selbst beilegen muss) ist Freiheit. Mit der Idee der Freiheit ist nun der Begriff der Autonomie unzertrennlich verbunden, mit diesem aber das allgemeine Prinzip der Sittlichkeit, welches in der Idee allen Handlungen vernünftiger Wesen eben so zum Grunde liegt, als das Naturgesetz allen Erscheinungen.

Nun ist der Verdacht, den wir oben rege machten, gehoben, als wäre ein geheimer Zirkel in unserem Schlusse aus der Freiheit auf die Autonomie und aus dieser aufs sittliche Gesetz enthalten, dass wir nämlich vielleicht die Idee der Freiheit nur um des sittlichen Gesetzes willen zum Grunde legten, um dieses nachher aus der Freiheit wiederum zu schließen, mithin von jenem gar keinen Grund angeben könnten, sondern es nur als Erbittung eines Prinzips, das uns gutgesinnte Seelen wohl gerne einräumen werden, welches wir aber niemals als einen erweislichen Satz aufstellen könnten. Denn jetzt sehen wir, dass, wenn wir uns als frei denken, so versetzen wir uns als Glieder in die Verstandeswelt und erkennen die Autonomie des Willens samt ihrer Folge, der Moralität; denken wir uns aber als verpflichtet, so betrachten wir uns als zur Sinnenwelt und doch zugleich zur Verstandeswelt gehörig.

Wie ist ein kategorischer Imperativ möglich?

Das vernünftige Wesen zählt sich als Intelligenz zur Verstandeswelt, und bloß als eine zu dieser gehörige wirkende Ursache nennt es seine Kausalität einen Willen. Von der anderen Seite ist es sich seiner doch auch als eines Stücks der Sinnenwelt Bewusst, in welcher seine Handlungen als bloße Erscheinungen jener Kausalität angetroffen werden, deren Möglichkeit aber aus dieser, die wir nicht kennen, nicht eingesehen werden kann, sondern an deren Statt jene Handlungen als bestimmt durch andere Erscheinungen, nämlich Begierden und Neigungen, als zur

Sinnenwelt gehörig eingesehen werden müssen. Als bloßen Gliedes der Verstandeswelt würden also alle meine Handlungen dem Prinzip der Autonomie des reinen Willens vollkommen gemäß sein; als bloßen Stücks der Sinnenwelt würden sie gänzlich dem Naturgesetz der Begierden und Neigungen, mithin der Heteronomie der Natur gemäß genommen werden müssen. (Die ersteren würden auf dem obersten Prinzip der Sittlichkeit, die zweiten der Glückseligkeit beruhen.) Weil aber die Verstandeswelt den Grund der Sinnenweit, mithin auch der Gesetze derselben enthält, also in Ansehung meines Willens (der ganz zur Verstandeswelt gehört) unmittelbar gesetzgebend ist und also auch als solche gedacht werden muss, so werde ich mich als Intelligenz, obgleich andererseits wie ein zur Sinnenwelt gehöriges Wesen, dennoch dem Gesetze der ersteren, d. i. der Vernunft, die in der Idee der Freiheit das Gesetz derselben enthält, und also der Autonomie des Willens unterworfen erkennen, folglich die Gesetze der Verstandeswelt für mich als Imperativen und die diesem Prinzip gemäße Handlungen als Pflichten ansehen müssen.

Und so sind kategorische Imperativen möglich, dadurch dass die Idee der Freiheit mich zu einem Gliede einer intelligibelen Welt macht, wodurch, wenn ich solches allein wäre, alle meine Handlungen der Autonomie des Willens jederzeit gemäß sein würden, da ich mich aber zugleich als Glied der Sinnenwelt anschaue, gemäß sein sollen, welches kategorische Sollen einen synthetischen Satz a priori vorstellt, dadurch dass über meinen durch sinnliche Begierden affizierten Willen noch die Idee ebendesselben, aber zur Verstandeswelt gehörigen reinen, für sich selbst praktischen Willens hinzukommt, welcher die oberste Bedingung des ersteren nach der Vernunft enthält; ungefähr so, wie zu den Anschauungen der Sinnenwelt Begriffe des Verstandes, die für sich selbst nichts als gesetzliche Form überhaupt bedeuten, hinzu kommen und dadurch synthetische Sätze a priori, auf welchen alle Erkenntnis einer Natur beruht, möglich machen.

Der praktische Gebrauch der gemeinen Menschenvernunft bestätigt die Richtigkeit dieser Deduktion. Es ist niemand, selbst der ärgste Bösewicht, wenn er nur sonst Vernunft zu brauchen gewohnt ist, der nicht, wenn man ihm Beispiele der Redlichkeit in Absichten, der Standhaftigkeit in Befolgung guter Maximen, der Teilnehmung und des allgemeinen Wohlwollens (und noch dazu mit großen Aufopferungen von Vorteilen und Gemächlichkeit verbunden) vorlegt, nicht wünsche, dass er auch so gesinnt sein möchte. Er kann es aber nur wegen seiner Neigungen und Antriebe nicht wohl in sich zu Stande bringen, wobei er dennoch zugleich wünscht, von solchen ihm selbst lästigen Neigungen frei zu sein. Er beweiset hierdurch also, dass er mit einem Willen, der von Antrieben der Sinnlichkeit frei ist, sich in Gedanken in eine ganz andere Ordnung der Dinge versetze, als die seiner Begierden im Felde der Sinnlichkeit, weil er von jenem Wunsche keine Vergnügung der Begierden, mithin keinen für irgend eine seiner wirklichen oder sonst erdenklichen Neigungen befriedigenden Zustand (denn dadurch würde selbst die Idee, welche ihm den Wunsch ablockt, ihre Vorzüglichkeit einbüßen), sondern nur einen größeren inneren Werth seiner Person erwarten kann. Diese bessere Person glaubt er aber zu sein, wenn er sich in den Standpunkt eines Gliedes der Verstandeswelt versetzt, dazu die Idee der Freiheit, d. i. Unabhängigkeit von bestimmenden Ursachen der Sinnenwelt, ihn unwillkürlich nötigt, und in welchem er sich eines guten Willens Bewusst ist, der für seinen bösen Willen als Gliedes der Sinnenwelt nach seinem eigenen Geständnisse das Gesetz ausmacht, dessen Ansehen er kennt, indem er es übertritt. Das moralische Sollen ist also eigenes notwendiges Wollen als Gliedes einer intelligibelen Welt und wird nur so fern von ihm als Sollen gedacht, als er sich zugleich wie ein Glied der Sinnenwelt betrachtet.

Von der äußersten Grenze aller praktischen Philosophie

Alle Menschen denken sich dem Willen nach als frei. Daher kommen alle Urteile über Handlungen als solche, die hätten geschehen sollen, ob sie gleich nicht geschehen sind. Gleichwohl ist diese Freiheit kein Erfahrungsbegriff und kann es auch nicht sein, weil er immer bleibt, obgleich die Erfahrung das Gegenteil von denjenigen Forderungen zeigt, die unter Voraussetzung derselben als notwendig vorgestellt werden. Auf der anderen Seite ist es eben so notwendig, dass alles, was geschieht, nach Naturgesetzen unausbleiblich bestimmt sei, und diese Naturnotwendigkeit ist auch kein Erfahrungsbegriff, eben darum weil er den Begriff der Notwendigkeit, mithin einer Erkenntnis a priori bei sich führt. Aber dieser Begriff von einer Natur wird durch Erfahrung bestätigt und muss selbst unvermeidlich vorausgesetzt werden, wenn Erfahrung, d. i. nach allgemeinen Gesetzen zusammenhängende Erkenntnis der Gegenstände der Sinne, möglich sein soll. Daher ist Freiheit nur eine Idee der Vernunft, deren objektive Realität an sich zweifelhaft ist, Natur aber ein Verstandesbegriff, der seine Realität an Beispielen der Erfahrung beweiset und notwendig beweisen muss.

Ob nun gleich hieraus eine Dialektik der Vernunft entspringt, da in Ansehung des Willens die ihm beigelegte Freiheit mit der Naturnotwendigkeit im Widerspruch zu stehen scheint, und bei dieser Wegescheidung die Vernunft in spekulativer Absicht den Weg der Naturnotwendigkeit viel gebahnter und brauchbarer findet, als den der Freiheit: so ist doch in praktischer Absicht der Fußsteig der Freiheit der einzige, auf welchem es möglich ist, von seiner Vernunft bei unserem Tun und Lassen Gebrauch zu machen; daher wird es der subtilsten Philosophie eben so unmöglich, wie der gemeinsten Menschenvernunft, die Freiheit wegzuvernünfteln. Diese muss also wohl voraussetzen: dass kein wahrer Widerspruch zwischen Freiheit und Naturnotwendigkeit ebenderselben menschlichen Handlungen angetroffen werde, denn sie kann eben so wenig den Begriff der Natur, als den der Freiheit aufgeben.

Indessen muss dieser Scheinwiderspruch wenigstens auf überzeugende Art vertilgt werden, wenn man gleich, wie Freiheit möglich sei, niemals begreifen könnte. Denn wenn sogar der Gedanke von der Freiheit sich selbst, oder der Natur, die eben so notwendig ist, widerspricht, so müsste sie gegen die Naturnotwendigkeit durchaus aufgegeben werden.

Es ist aber unmöglich, diesem Widerspruch zu entgehen, wenn das Subjekt, was sich frei dünkt, sich selbst in demselben Sinne, oder in eben demselben Verhältnisse dächte, wenn es sich frei nennt, als wenn es sich in Absicht auf die nämliche Handlung dem Naturgesetze unterworfen annimmt. Daher ist es eine unnachlässliche Aufgabe der spekulativen Philosophie: wenigstens zu zeigen, dass ihre Täuschung wegen des Widerspruchs darin beruhe, dass wir den Menschen in einem anderen Sinne und Verhältnisse denken, wenn wir ihn frei nennen, als wenn wir ihn als Stück der Natur dieser ihren Gesetzen für unterworfen halten, und dass beide nicht allein gar wohl beisammen stehen können, sondern auch als notwendig vereinigt in demselben Subjekt gedacht werden müssen, weil sonst nicht Grund angegeben werden könnte, warum wir die Vernunft mit einer Idee belästigen sollten, die, ob sie sich gleich ohne Widerspruch mit einer anderen, genugsam bewährten vereinigen lässt, dennoch uns in ein Geschäfte verwickelt, wodurch die Vernunft in ihrem theoretischen Gebrauche sehr in die Enge gebracht wird. Diese Pflicht liegt aber bloß der spekulativen Philosophie ob, damit sie der praktischen freie Bahn schaffe. Also ist es nicht in das Belieben des Philosophen gesetzt, ob er den scheinbaren Widerstreit heben, oder ihn unangerührt lassen will; denn im letzteren Falle ist die Theorie hierüber bonum vacans, in dessen Besitz sich der Fatalist mit Grunde setzen und alle Moral aus ihrem ohne Titel besessenen vermeinten Eigentum verjagen kann.

Doch kann man hier noch nicht sagen, dass die Grenze der praktischen Philosophie anfange. Denn jene Beilegung der Streitigkeit gehört gar nicht ihr zu, sondern sie fordert nur von der spekulativen Vernunft, dass diese die Uneinigkeit, darin sie sich in theoretischen Fragen selbst verwickelt, zu Ende bringe, damit praktische Vernunft Ruhe und Sicherheit für äußere Angriffe habe, die ihr den Boden, worauf sie sich anhauen Will, streitig machen könnten.

Der Rechtsanspruch aber selbst der gemeinen Menschenvernunft auf Freiheit des Willens gründet sich auf das Bewusstsein und die zugestandene Voraussetzung der Unabhängigkeit der Vernunft von bloß subjektiv bestimmenden Ursachen, die insgesamt das ausmachen, was bloß zur Empfindung, mithin unter die allgemeine Benennung der Sinnlichkeit gehört. Der Mensch, der sich auf solche Weise als Intelligenz betrachtet, setzt sich dadurch in eine andere Ordnung der Dinge und in ein Verhältnis zu bestimmenden Gründen von ganz anderer Art, wenn er sich als Intelligenz mit einem Willen, folglich mit Kausalität, begabt denkt, als wenn er sich wie ein Phänomen in der Sinnenwelt (welches er wirklich auch ist) wahrnimmt und seine Kausalität äußerer Bestimmung nach Naturgesetzen unterwirft. Nun wird er bald inne, dass beides zugleich stattfinden könne, ja sogar müsse. Denn dass ein Ding in der Erscheinung (das zur Sinnenwelt gehörig) gewissen Gesetzen unterworfen ist, von welchen eben dasselbe als Ding oder Wesen an sich selbst unabhängig ist, enthält nicht den mindesten Widerspruch; dass er sich selbst aber auf diese zwiefache Art vorstellen und denken müsse, beruht, was das erste betrifft, auf dem Bewusstsein seiner selbst als durch Sinne affizierten Gegenstandes, was das zweite anlangt, auf dem Bewusstsein seiner selbst als Intelligenz, d. i. als unabhängig im Vernunftgebrauch von sinnlichen Eindrücken (mithin als zur Verstandeswelt gehörig).

Daher kommt es, dass der Mensch sich eines Willens anmaßt, der nichts auf seine Rechnung kommen lässt, was bloß zu seinen Begierden und Neigungen gehört, und dagegen Handlungen durch sich als möglich, ja gar als notwendig denkt, die nur mit Hintansetzung aller Begierden nach sinnlichen Anreizungen geschehen können. Die Kausalität derselben liegt in ihm als Intelligenz und in den Gesetzen der Wirkungen und Handlungen nach Prinzipien einer intelligibelen Welt, von der er wohl nichts weiter weiß, als dass darin lediglich die Vernunft und zwar reine, von Sinnlichkeit unabhängige Vernunft das Gesetz gebe, imgleichen da er daselbst nur als Intelligenz das eigentliche Selbst (als Mensch hingegen nur Erscheinung seiner selbst) ist, jene Gesetze ihn unmittelbar und kategorisch angehen, so dass, wozu Neigungen und Antriebe (mithin die ganze Natur der Sinnenwelt) anreizen, den Gesetzen seines Wollens als Intelligenz keinen Abbruch tun kann, so gar, dass er die erstere nicht verantwortet und seinem eigentlichen Selbst, d. i. seinem Willen, nicht zuschreibt, wohl aber die Nachsicht, die er gegen sie tragen möchte, wenn er ihnen zum Nachteil der Vernunftgesetze des Willens Einfluss auf seine Maximen einräumte.

Dadurch, dass die praktische Vernunft sich in eine Verstandeswelt hinein denkt, überschreitet sie gar nicht ihre Grenzen, wohl aber wenn sie sich hineinschauen, hineinempfinden wollte. Jenes ist nur ein negativer Gedanke in Ansehung der Sinnenwelt, die der Vernunft in Bestimmung des Willens keine Gesetze gibt, und nur in diesem einzigen Punkte positiv, dass jene Freiheit als negative Bestimmung zugleich mit einem (positiven) Vermögen und sogar mit einer Kausalität der Vernunft verbunden sei, welche wir einen Willen nennen, so zu handeln, dass das Prinzip der Handlungen der wesentlichen Beschaffenheit einer Vernunftursache, d. i. der Bedingung der Allgemeingültigkeit der Maxime als eines Gesetzes, gemäß sei. Würde sie aber noch ein Objekt des Willens, d. i. eine Bewegursache, aus der Verstandeswelt herholen, so überschritte sie ihre Grenzen und maßte sich an, etwas zu kennen, wovon sie nichts weiß. Der Begriff einer Verstandeswelt ist also nur ein Standpunkt, den die Vernunft sich genötigt sieht, außer den Erscheinungen zu nehmen, um sich selbst als praktisch zu denken, welches, wenn die Einflüsse der Sinnlichkeit für den Menschen bestimmend wären, nicht möglich sein würde, welches aber doch notwendig ist, wofern ihm nicht das Bewusstsein seiner selbst als Intelligenz mithin als vernünftige und durch Vernunft Tätige, d. i. frei wirkende, Ursache abgesprochen werden soll. Dieser Gedanke führt freilich die Idee einer anderen Ordnung und Gesetzgebung, als die des Naturmechanismus, der die Sinnenwelt trifft, herbei und macht den Begriff einer intelligibelen Welt (d. i. das Ganze vernünftiger Wesen, als Dinge an sich selbst) notwendig, aber ohne die mindeste Anmaßung, hier weiter als bloß ihrer formalen Bedingung nach, d. i. der Allgemeinheit der Maxime des Willens als Gesetz, mithin der Autonomie des letzteren, die allein mit der Freiheit desselben bestehen kann, gemäß zu denken; da hingegen alle Gesetze, die auf ein Objekt bestimmt sind, Heteronomie geben, die nur an Naturgesetzen angetroffen werden und auch nur die Sinnenwelt treffen kann.

Aber alsdann würde die Vernunft alle ihre Grenze überschreiten, wenn sie es sich zu erklären unterfinge, wie reine Vernunft praktisch sein könne, welches völlig einerlei mit der Aufgabe sein würde, zu erklären, wie Freiheit möglich sei.

Denn wir können nichts erklären, als was wir auf Gesetze zurückführen können, deren Gegenstand in irgend einer möglichen Erfahrung gegeben werden kann. Freiheit aber ist eine bloße Idee, deren objektive Realität auf keine Weise nach Naturgesetzen, mithin auch nicht in irgend einer möglichen Erfahrung dargetan werden kann, die also darum, weil ihr selbst niemals nach irgend einer Analogie ein Beispiel untergelegt werden mag, niemals begriffen, oder auch nur eingesehen werden kann. Sie gilt nur als notwendige Voraussetzung der Vernunft in einem Wesen, das sich eines Willens, d. i. eines vom bloßen Begehrungsvermögen noch verschiedenen Vermögens, (nämlich sich zum Handeln als Intelligenz, mithin nach Gesetzen der Vernunft unabhängig von Naturinstinkten zu bestimmen) Bewusst zu sein glaubt. Wo aber Bestimmung nach Naturgesetzen aufhört, da hört auch alle Erklärung auf, und es bleibt nichts übrig als Verteidigung, d. i. Abtreibung der Einwürfe derer, die tiefer in das Wesen der Dinge geschaut zu haben vorgeben und darum die Freiheit dreist für unmöglich erklären. Man kann ihnen nur zeigen, dass der vermeintlich von ihnen darin entdeckte Widerspruch nirgends anders liege als darin, dass, da sie, um das Naturgesetz in Ansehung menschlicher Handlungen geltend zu machen, den Menschen notwendig als Erscheinung betrachten mussten und nun, da man von ihnen fordert, dass sie ihn als Intelligenz auch als Ding an sich selbst denken sollten, sie ihn immer auch da noch als Erscheinung betrachten, wo denn freilich die Absonderung seiner Kausalität (d. i. seines Willens) von allen Naturgesetzen der Sinnenweit in einem und demselben Subjekte im Widerspruche stehen würde, welcher aber wegfällt, wenn sie sich besinnen und wie billig eingestehen wollten, dass hinter den Erscheinungen doch die Sachen an sich selbst (obzwar verborgen) zum Grunde liegen müssen, von deren Wirkungsgesetzen man nicht verlangen kann, dass sie mit denen einerlei sein sollten, unter denen ihre Erscheinungen stehen.

Die subjektive Unmöglichkeit, die Freiheit des Willens zu erklären, ist mit der Unmöglichkeit, ein Interesse ausfindig und begreiflich zu machen, welches der Mensch an moralischen Gesetzen nehmen könne, einerlei; und gleichwohl nimmt er wirklich daran ein Interesse, wozu wir die Grundlage in uns das moralische Gefühl nennen, welches fälschlich für das Richtmaß unserer sittlichen Beurteilung von einigen ausgegeben worden, da es vielmehr als die subjektive Wirkung, die das Gesetz auf den Willen ausübt, angesehen werden muss, wozu Vernunft allein die objektiven Gründe hergibt.

Um das zu wollen, wozu die Vernunft allein dem sinnlich-affizierten vernünftigen Wesen das Sollen vorschreibt, dazu gehört freilich ein Vermögen der Vernunft, ein Gefühl der Lust oder des Wohlgefallens an der Erfüllung der Pflicht einzuflößen, mithin eine Kausalität derselben, die Sinnlichkeit ihren Prinzipien gemäß zu bestimmen. Es ist aber gänzlich unmöglich, einzusehen, d. i. a priori begreiflich zu machen, wie ein bloßer Gedanke, der selbst nichts Sinnliches in sich enthält, eine Empfindung der Lust oder Unlust hervorbringe; denn das ist eine besondere Art von Kausalität, von der wie von aller Kausalität wir gar nichts a priori bestimmen können, sondern darum allein die Erfahrung befragen müssen. Da diese aber kein Verhältnis der Ursache zur Wirkung, als zwischen zwei Gegenständen der Erfahrung an die Hand geben kann, hier aber reine Vernunft durch bloße Ideen (die gar keinen Gegenstand für Erfahrung abgeben) die Ursache von einer Wirkung, die freilich in der Erfahrung liegt, sein soll, so ist die Erklärung, wie und warum uns die Allgemeinheit der Maxime als Gesetzes, mithin die Sittlichkeit interessiere, uns Menschen gänzlich unmöglich. So viel ist nur gewiss: dass es nicht darum für uns Gültigkeit hat, weil es interessiert (denn das ist Heteronomie und Abhängigkeit der praktischen Vernunft von Sinnlichkeit, nämlich einem zum Grunde liegenden Gefühl, wobei sie niemals sittlich gesetzgebend sein könnte), sondern dass es interessiert, weil es für uns als Menschen gilt, da es aus unserem Willen als Intelligenz, mithin aus unserem eigentlichen Selbst entsprungen ist; was aber zur bloßen Erscheinung gehört, wird von der Vernunft notwendig der Beschaffenheit der Sache an sich selbst untergeordnet.

Die Frage also, wie ein kategorischer Imperativ möglich sei, kann zwar so weit beantwortet werden, als man die einzige Voraussetzung angeben kann, unter der er allein möglich ist, nämlich die Idee der Freiheit, imgleichen als man die Notwendigkeit dieser Voraussetzung einsehen kann, welches zum praktischen Gebrauche der Vernunft, d. i. zur Überzeugung von der Gültigkeit dieses Imperativs, mithin auch des sittlichen Gesetzes hinreichend ist, aber wie diese Voraussetzung selbst möglich sei, lässt sich durch keine menschliche Vernunft jemals einsehen. Unter Voraussetzung der Freiheit des Willens einer Intelligenz aber ist die Autonomie desselben, als die formale Bedingung, unter der er allein bestimmt werden kann, eine notwendige Folge. Diese Freiheit des Willens vorauszusetzen, ist auch nicht allein (ohne in Widerspruch mit dem Prinzip der Naturnotwendigkeit in der Verknüpfung der Erscheinungen der Sinnenwelt zu geraten) ganz wohl möglich (wie die spekulative Philosophie zeigen kann), sondern auch sie praktisch, d. i. in der Idee, allen seinen willkürlichen Handlungen als Bedingung unterzulegen, ist einem vernünftigen Wesen, das sich seiner Kausalität durch Vernunft, mithin eines Willens (der von Begierden unterschieden ist) Bewusst ist, ohne weitere Bedingung notwendig. Wie nun aber reine Vernunft ohne andere Triebfedern, die irgend woher sonst genommen sein mögen, für sich selbst praktisch sein, d. i. wie das bloße Prinzip der Allgemeingültigkeit aller ihrer Maximen als Gesetze (welches freilich die Form einer reinen praktischen Vernunft sein würde) ohne alle Materie

(Gegenstand) des Willens, woran man zum voraus irgend ein Interesse nehmen dürfe, für sich selbst eine Triebfeder abgeben und ein Interesse, welches rein moralisch heißen würde, bewirken, oder mit anderen Worten, wie reine Vernunft praktisch sein könne, das zu erklären, dazu ist alle menschliche Vernunft gänzlich unvermögend, und alle Mühe und Arbeit, hievon Erklärung zu suchen, ist verloren.

Es ist eben dasselbe, als ob ich zu ergründen suchte, wie Freiheit selbst als Kausalität eines Willens möglich sei. Denn da verlasse ich den philosophischen Erklärungsgrund und habe keinen anderen. Zwar könnte ich nun in der intelligibelen Welt, die mir noch übrig bleibt, in der Welt der Intelligenzen, herumschwärmen; aber ob ich gleich davon eine Idee habe, die ihren guten Grund hat, so habe ich doch von ihr nicht die mindeste Kenntnis und kann auch zu dieser durch alle Bestrebung meines natürlichen Vernunftvermögens niemals gelangen. Sie bedeutet nur ein Etwas, das da übrig bleibt, wenn ich alles, was zur Sinnenwelt gehört, von den Bestimmungsgründen meines Willens ausgeschlossen habe, bloß um das Prinzip der Bewegursachen aus dem Felde der Sinnlichkeit einzuschränken, dadurch dass ich es begrenze und zeige, dass es nicht Alles in Allem in sich fasse, sondern dass außer ihm noch mehr sei; dieses Mehrere aber kenne ich nicht weiter. Von der reinen Vernunft, die dieses Ideal denkt, bleibt nach Absonderung aller Materie, d. i. Erkenntnis der Objekte, mir nichts als die Form übrig, nämlich das praktische Gesetz der

Allgemeingültigkeit der Maximen und diesem gemäß die Vernunft in Beziehung auf eine reine Verstandeswelt als mögliche wirkende, d. i. als den Willen bestimmende, Ursache zu denken; die Triebfeder muss hier gänzlich fehlen; es müsste denn diese Idee einer intelligibelen Welt selbst die Triebfeder oder dasjenige sein, woran die Vernunft ursprünglich ein Interesse nähme; welches aber begreiflich zu machen gerade die Aufgabe ist, die wir nicht auflösen können.

Hier ist nun die oberste Grenze aller moralischen Nachforschung, welche aber zu bestimmen, auch schon darum von großer Wichtigkeit ist, damit die Vernunft nicht einerseits in der Sinnenwelt auf eine den Sitten schädliche Art nach der obersten Bewegursache und einem begreiflichen, aber empirischen Interesse herumsuche, andererseits aber, damit sie auch nicht in dem für sie leeren Raum transszendenter Begriffe unter dem Namen der intelligibelen Welt kraftlos ihre Flügel schwinge, ohne von der Stelle zu kommen, und sich unter Hirngespinsten verliere. Übrigens bleibt die Idee einer reinen Verstandeswelt als eines Ganzen aller Intelligenzen, wozu wir selbst als vernünftige Wesen (obgleich andererseits zugleich Glieder der Sinnenwelt) gehören, immer eine brauchbare und erlaubte Idee zum Behufe eines vernünftigen Glaubens, wenn gleich alles Wissen an der Grenze derselben ein Ende hat, um durch das herrliche Ideal eines allgemeinen Reichs der Zwecke an sich selbst (vernünftiger Wesen), zu welchem wir nur alsdann als Glieder gehören können, wenn wir uns nach Maximen der Freiheit, als ob sie Gesetze der Natur wären, sorgfältig verhalten, ein lebhaftes Interesse an dem moralischen Gesetze in uns zu bewirken.

Schlussanmerkung

Der spekulative Gebrauch der Vernunft in Ansehung der Natur führt auf absolute Notwendigkeit irgend einer obersten Ursache der Welt; der praktische Gebrauch der Vernunft in Absicht auf die Freiheit führt auch auf absolute Notwendigkeit, aber nur der Gesetze der Handlung en eines vernünftigen Wesens als eines solchen. Nun ist es ein wesentliches Prinzip alles Gebrauchs unserer Vernunft, ihr Erkenntnis bis zum Bewusstsein ihrer Notwendigkeit zu treiben (denn ohne diese wäre sie nicht Erkenntnis der Vernunft). Es ist aber auch eine eben so wesentliche Einschränkung eben derselben Vernunft, dass sie weder die Notwendigkeit dessen, was da ist, oder was geschieht, noch dessen, was geschehen soll, einsehen kann, wenn nicht eine Bedingung, unter der es da ist oder geschieht oder geschehen soll, zum Grunde gelegt wird. Auf diese Weise aber wird durch die beständige Nachfrage nach der Bedingung die Befriedigung der Vernunft nur immer weiter aufgeschoben. Daher sucht sie rastlos das Unbedingt-Notwendige und sieht sich genötigt, es anzunehmen, ohne irgend ein Mittel, es sich begreiflich zu machen; glücklich genug, wenn sie nur den Begriff ausfindig machen kann, der sich mit dieser Voraussetzung verträgt. Es ist also kein Tadel für unsere Deduktion des obersten Prinzips der Moralität, sondern ein Vorwurf, den man der menschlichen Vernunft überhaupt machen müsste, dass sie ein unbedingtes praktisches Gesetz (dergleichen der kategorische Imperativ sein muss) seiner absoluten Notwendigkeit nach nicht begreiflich machen kann; denn dass sie dieses nicht durch eine Bedingung, nämlich vermittelst irgend eines zum Grunde gelegten Interesse, tun will, kann ihr nicht verdacht werden, weil es alsdann kein moralisches, d. i. oberstes Gesetz der Freiheit sein würde. Und so begreifen wir zwar nicht die praktische unbedingte Notwendigkeit des moralischen Imperativs, wir begreifen aber doch seine Unbegreiflichkeit, welches alles ist, was billigermaßen von einer Philosophie, die bis zur Grenze der menschlichen Vernunft in Prinzipien strebt, gefordert werden kann.